LA NAVE Y LAS TEMPESTADES

Alfredo Sáenz

LA NAVE Y LAS TEMPESTADES

El modernismo:
Crisis en las venas
de la Iglesia

EDICIONES GLADIUS

LA NAVE Y LAS TEMPESTADES

Imagen de portada

La iglesia de Auvers-sur-Oise (1890)
Vincent van Gogh
Museo de Orsay (París, Francia)

Alfredo Sáenz
La nave y las tempestades: El modernismo: crisis en las venas de la Iglesia.
1ª ed. - Ciudad Autónoma de Buens Aires - Gladius, 2011.
v. 11, 320 p; 18x11 cm.
ISBN 978-987-659-029-7
1. Historia de la Iglesia. I. Título
CDD 270.09

Fecha de catalogación: 02-11-2011

Alfredo Sáenz

LA NAVE Y LAS TEMPESTADES

El modernismo:
Crisis en las venas
de la Iglesia

EDICIONES GLADIUS

Índice

Muchas son las olas que nos ponen en peligro, y graves tempestades nos amenazan; sin embargo, no tememos ser sumergidos porque permanecemos firmes sobre la roca. Aun cuando el mar se desate, no romperá la roca; aunque se levanten las olas, no podrán hundir la nave de Jesús.

San Juan Crisóstomo, Hom. antes de partir al exilio, 1-3: PG 52, 427-430

EL MODERNISMO: CRISIS EN LAS VENAS DE LA IGLESIA

El fenómeno del "modernismo" incluye mil correlatos. Constituyó por cierto, en la historia de la Iglesia una crisis largamente preparada, y cuando salió a luz se desplegó en innúmeras variaciones. Para colmo, y esto le confiere especial actualidad al presente estudio, dicha corriente, a pesar de las condenaciones que recibió de parte del Magisterio, seguiría su carrera dentro de la Iglesia. No en vano San Pío X la denunciaría en su momento, como una peste que se encontraba incubada "en las venas mismas de la Iglesia". Podríase decir, hablando en general, que las tempestades anteriores provinieron del exterior de la Iglesia; ésta, en cambio, se gestó en sus propias entrañas, al modo de un cáncer espiritual. Y desde allí continuaría actuando.

Según lo acabamos de señalar, un fenómeno tan vasto como el que nos aprestamos a considerar no podía dejar de tener prolegómenos más o menos determinantes. Algo nos detendremos en ellos antes de abocarnos propiamente a la descripción de una crisis tan abarcativa como fue el modernismo.

Capítulo Primero

PÍO IX Y EL *SYLLABUS*

I. Un pontificado borrascoso

Nos parece que dos son las principales personalidades que a fines del siglo XIX y comienzos del XX, salieron al paso, con lucidez y coraje, a los altamente peligrosos errores doctrinales que amenazaron sus respectivas épocas. Ellos fueron el Beato Pío IX y San Pío X. Entre ambos, es cierto, gobernó León XIII, pero hemos querido limitarnos al combate que llevaron adelante aquellos dos papas, los cuales, en una u otra forma, no dejaron de tener relación, directa o indirecta, con el fenómeno del modernismo. Ya desde los comienzos del siglo XIX, los cultores del espíritu de la Revolución francesa soñaban con la posibilidad de poder contar un día con un papa integrante de la masonería, que tratase de hacer penetrar en la Iglesia la mentalidad de la Revolución, tan extendida ésta en las conciencias y en los antiguos pueblos de la Cristiandad desfalleciente. En una instrucción secreta enviada en 1817 a los miembros de la secta podemos leer:

> El trabajo a que nos abocamos no es obra de un día, ni de un mes, ni de un año. Puede durar muchos años, quizás un siglo, pero en nuestras filas el soldado muere y la guerra continúa […] Lo que nosotros debemos buscar y esperar como los judíos esperan al Mesías es un papa según nuestras necesidades […] Sólo con ello iremos más seguramente al asalto de la Iglesia que no con los opusculitos de nuestros hermanos de Francia y con el oro mismo de Inglaterra. ¿Quieren saber el por qué? Porque con esto solo no tenemos ya necesidad del vinagre de Aníbal, ni de la pólvora de los cañones y ni siquiera de nuestros brazos, para triturar el escollo sobre el cual Dios ha construido su Iglesia. Tendremos el dedo meñique del sucesor de Pedro alistado en el complot, y este dedo meñique vale para esta cruzada todos los Urbanos II y los San Bernardos de la Cristiandad.

¿No habría llegado el momento por ellos soñado cuando subió al trono pontificio Juan María Mastai Ferretti, bajo el título de Pío IX? De hecho, cuando éste se sentó en la cátedra de Pedro suscitó entusiastas expectativas en los enemigos de la Iglesia. En su magnífico libro *Pio IX*, Roberto De Mattei nos ha dejado una lograda exposición de tales circunstancias. Al principio, nos dice, los liberales exultaban. ¡Por fin tenemos un papa liberal! El primer acto de su pontificado fue la concesión de una amnistía a más de 400 detenidos y exiliados políticos, previa una simple firma de declaración de fidelidad. Dicha medida fue considerada como una corrección de los "severos" métodos usados por el papa anterior. Cuando iba por las calles, la gente agolpándose a su paso lo aplaudía. El papa, si bien estaba sorprendido, siguió adelante en el mismo sentido, aclamado siempre como un príncipe reformador y "liberal", una *especie* de exponente del espíritu del *Risorgimento* italiano, que no fue sino la versión italiana de la Revolución francesa. Poco después concedió libertad de prensa en sus dominios. Desde Londres, Giuseppe Mazzini exhortaba a no gritar otra cosa que "Viva Italia y Pío IX".

El papa no parecía vacilar en su orientación, eligiendo para secundarlo a varios miembros de diversos grupúsculos revolucionarios parecidos a los girondinos e incluso a los mismos jacobinos. Un abogado, amnistiado en 1846, Giuseppe Galletti, sería nombrado ministro suyo y luego presidente de la Asamblea Constituyente. La Iglesia parecía querer alinearse en la senda de la Revolución. Cierto sacerdote, el padre Gioacchino Ventura, en un sermón que pronunció en la iglesia de Sant´Andrea Della Valle, no vacilaría en decir: "La Iglesia sabrá prescindir [de los soberanos absolutos], dirigiéndose quizás a la democracia; bautizando a esta matrona salvaje, la hará cristiana, como antaño ya hizo cristianos a los bárbaros [...]; le imprimirá en la frente el sello de la consagración divina [...] Dirá: Reina, y... reinará". Pío IX no ocultaba su simpatía por este sacerdote.

Esta atmósfera dominó en Roma durante los primeros años del pontificado de Pío IX, más precisamente desde junio de 1846 a abril de 1848. En 1847, festejándose el primer aniversario de la coronación del papa, se cantó en una gran concentración "la Marsellesa romana". Los liberales, exultantes, le pedían nuevos pasos, por ejemplo la instauración de una "Guardia Cívica", según el esquema de la Guardia Nacional que se creó durante la Revolución francesa. Un cardenal, Tomás Gizzi, indignado por lo que estaba aconteciendo, presentó su renuncia: "Si Su Santidad pone las armas en las manos del pueblo –le dijo en un dramático coloquio–, se transformará en el juguete de la multitud, y si al fin Su Santidad se cansa y se le opone, será echado de Roma con los mismos fusiles que ahora le concede para su defensa. Yo no quiero hacerme responsable de tantas consecuencias y por tanto prefiero retirarme".

Curiosamente el papa parecía seguir impertérrito por el camino de las reformas. Tras la creación de la Guardia Civil instituyó el Colegio Municipal y el Senado de Roma; con los cardenales creó un Senado y un Congreso de Diputados, al estilo de las democracias republicanas. Pocos días después, el padre Gavazzi, desde un púlpito que se levantó en el Coliseo de Roma, se dirigió al pueblo de dicha ciudad, exhortándolo a una "santa cruzada" nada menos que contra la católica Austria. La escena concluyó con el himno de la Marsellesa y una ulterior manifestación que se dirigió al Quirinal para inducir al papa a bendecir las banderas de guerra. Gracias a Dios, Pío IX afirmó que en modo alguno podía declarar la guerra a una nación fiel a Roma, cuyos miembros eran sus hijos espirituales.

En 1847, Giuseppe Mazzini, revolucionario italiano por aquel entonces desterrado a Marsella, le escribió al papa invitándolo abiertamente a la apostasía: "Anuncie una nueva Era –le dijo–, declare que la Humanidad es sagrada...". El papa entendió que iba por mal camino y estaba totalmente equivocado, de buena fe, sin duda, quizás por cierta innata ingenuidad, y en una alocución consistorial se mostró decididamente opuesto a ponerse al frente de la Revolución en Italia, como se le sugería. Algunos vieron en ello una traición a lo que de él esperaban las sociedades secretas, una "traición" al "viento de la historia", cuando en realidad se trataba, según escribió Crétineau-Joly, de "una página de historia escrita a los pies del crucifijo". Entonces la chusma se rebeló. Y así como antes lo habían ovacionado, comenzaron a organizarse manifestaciones contra el Pontífice al grito de: "¡Pío IX nos ha traicionado! ¡Muerte a los cardenales!". En los muros de las iglesias aparecían escritos sacrílegos: "Muerte a Cristo, viva Barrabás". La violenta reacción afectó no poco a Pío IX. Tras haber recordado con cuánto interés se había preocupado del pueblo y sus necesidades, preguntó si tal sería su modo de agradecerle. Pocos se conmovieron; más aún, se multiplicaron los requerimientos de "la opinión pública" en pro de una democracia cada vez mayor en la Iglesia. El papa ya no sabía cómo gobernar. Sus ministros se sucedían rápidamente. Un día resolvió elegir como primer ministro al conde Pellegrino Rossi. Aunque éste quiso todavía salvar lo que algunos llamaban "la vía católica" de la Revolución, las sociedades secretas no dejaron de considerar insuficiente dicho propósito, resolviendo por fin asesinarlo. Los tumultos arreciaron. Por las calles se gritaba: "¡Abajo Pío IX! ¡Viva la República!"

Quienes lo habían apoyado, en la idea de que Pío IX llevaba adelante una conversión de la Iglesia a la cosmovisión liberal, estaban furiosos. Así, por ejemplo, Montalembert, quien publicó el 7 de marzo de 1847 en la *Gazette de France*, y el 9 en el *Journal des Débats*, una carta de extremada virulencia. Allí podemos leer: "¿Qué es lo que podía hacernos sospechar en 1847 que el pontificado liberal de Pío IX, aclamado por todos los liberales de los dos mundos, llegaría a ser el pontificado representado y personificado por *L' Univers* y la *Civiltà*? […] ¿Qué es lo que podía hacer prever el entusiasmo de la mayoría de los doctores ultramontanos por el renacimiento del cesarismo […] y el triunfo permanente de esos teólogos laicos del absolutismo, que han comenzado por hacer polvo todas nuestras libertades, todos nuestros principios, todas nuestras ideas de antes de Napoleón III, para ir enseguida a inmolar la justicia y la verdad, la razón y la historia en holocausto al ídolo que ellos se han erigido en el Vaticano?"

Tras nuevos avatares, el papa no vio otra salida que huir de Roma, poco menos que disfrazado. Ahora reflexionaba sobre cuán equivocado se había mostrado hasta entonces con sus "veleidades demoliberales", como señala De Mattei, e hizo pública una excomunión contra los cabecillas del *Risorgimento* que intentaban instaurar en Roma, sede del papa, una Asamblea constituyente. Al conocerse la medida que el papa acababa de tomar, se reunió en la piazza del Popolo una muchedumbre imponente. La encabezaba una cruz cubierta con una bandera negra, sustentando las insignias de los cardenales y del papa; tras ella se agrupaban varios de los dirigentes revolucionarios que entonaban burlescamente el *De profundis* y el *Miserere*, salpicando improperios y blasfemias. Al llegar a una cloaca pública se detuvieron, arrojando allí diversos documentos pontificios. Eran unas 200.000 personas sobre una población de tres millones de habitantes. La novel Asamblea declaró al papa "depuesto" de hecho y de derecho. El gobierno temporal del "Estado romano", tomaría la forma de una democracia pura, bajo el nombre de "República Romana". Entró entonces en la sala de la Asamblea el diputado Giuseppe Garibaldi. El primer acto del nuevo gobierno fue declarar "bienes nacionales" todos los bienes de la Iglesia.

El papa, que se encontraba en Gaeta, ya completamente de vuelta de su aventura liberal, publicó en 1849 un documento donde podía leerse: "¿Quién no sabe que la ciudad de Roma, sede principal de la Iglesia católica, se ha vuelto una selva de bestias furiosas, entre los cuales los apóstatas, los herejes, los maestros, como se dicen, del comunismo, o del socialismo, animados del más terrible odio contra la verdad católica [...] se aplican a diseminar por doquier pestíferos errores de todo género para que en Roma misma, si fuera posible, se corrompa la santidad de la Religión católica y la irreformable regla de la fe?". Luego pronunció una alocución donde condenaba severamente la masonería.

Luego de diversos sucesos pudo Pío IX retornar a su sede romana. Las cosas se fueron encauzando poco a poco. Por decisión suya comenzó a aparecer una espléndida revista, la *Civiltà Cattolica*, donde colaboraban los mejores escritores de la Compañía de Jesús. Dicha publicación sería en adelante el soporte doctrinal del papa, así como el foco de irradiación de su pensamiento que luego se expresaría en el *Syllabus*, el Concilio Vaticano y la obra de restauración tomista, cosa esta última que retomaría luego su sucesor León XIII. Allí escribieron, entre otros, el padre Taparelli, el padre Liberatore, y otros grandes. Por aquellos años Garibaldi, caudillo exhibicionista, logró imponerse en el norte de Italia, juntamente con Mazzini, de modales más compuestos este último, pero en la misma tesitura ideológica.

Tras proclamarse allí el Reino, afirmó Cavour que su capital no debía ser otra que Roma. En 1861 Vittorio Emmanuele asumió el poder declarándose "Rey de Italia". En 1870 los revolucionarios entraban en Roma por la Porta Pia. Inmediatamente anexaron al nuevo reino la ciudad eterna así como el territorio que habían ocupado. El papa permaneció recluido como prisionero en el Vaticano. La tensión entre la Iglesia y el nuevo Estado no disminuiría en los años sucesivos de este tempestuoso pontificado. En 1872 Vittorio Emmanuele ordenó la expulsión de todos los religiosos de sus conventos, así como la confiscación de numerosas casas religiosas. Más tarde se decretó la supresión de las universidades, y los seminarios fueron puestos bajo el control del gobierno. Luego disolvieron, simple y llanamente, las órdenes religiosas, y confiscaron sus propiedades. Como se ve, parecía un calco de la Revolución francesa. Al fin y al cabo no otra cosa fue el Risorgimento italiano.

Desde entonces hasta su muerte, Pío IX renovaría incesantemente sus protestas contra la violencia sufrida, en la convicción de que el señorío temporal del Vicario de Cristo era la condición necesaria para el libre ejercicio de su autoridad espiritual. Piénsese que la lucha entre la masonería y los católicos no se limitaba sólo a Europa sino que también arreciaba en América, especialmente en las naciones hispanoamericanas, encontrando los enemigos de la Iglesia una singular resistencia, tan inteligente como vigorosa, en el Ecuador de Gabriel García Moreno, único gobernante del mundo que defendió públicamente al papa cuando la ocupación de Roma en 1870.

El largo pontificado de Pío IX –32 años– se vio iluminado por tres grandes gestos que resumen su magisterio. El *Syllabus*, ante todo, importante documento donde expone los principales errores que mancillaban la cultura de la época, y el *Concilio Vaticano*, donde entre otras cosas se definió el dogma de la *Inmaculada Concepción*.

Murió este gran papa en 1878. Poco antes había expresado su deseo de ser enterrado en la iglesia de San Lorenzo extra muros. Si bien sus restos descansaron inicialmente en la basílica de San Pedro, tres años después, para que se cumpliese su voluntad, fueron llevados a San Lorenzo. Durante dicho traslado, el cortejo fúnebre fue asaltado por grupos de masones y anticlericales, que se lanzaron sobre su féretro, tratando de arrojar al río Tíber el cuerpo del glorioso Pontífice. Hoy reposa en la cripta de la iglesia de San Lorenzo. Juan Pablo II lo elevó al rango de los Beatos.

II. El pastor

Pío IX se mostró un claro exponente de lo que el mismo Señor calificó como "buen pastor", no sólo por su dedicación a las ovejas que estuvieron en su redil, sino también por la capacidad y coraje que mostró para alertar a los suyos respecto de los lobos circundantes. Los documentos y alocuciones que nos ha dejado nos lo muestran siempre tratando de influir sobre los obispos para que se comportasen como era debido, es decir, con lucidez y coraje, en una época tan borrascosa como la que le tocó vivir. Monseñor Pedro D. Martínez nos ha dejado un excelente estudio acerca de la gran figura que nos ocupa. Junto con el de Roberto De Mattei son los mejores escritos que conocemos sobre este gran papa. Con particular dedicación se preocupó por la formación del laicado católico, sobre todo de los jóvenes incautos, naturalmente proclives a aceptar las novedades del siglo; en orden a ello promovió los ejercicios espirituales y las misiones, de modo que, como dijo, se aprontaran a rechazar "las perversas doctrinas de los enemigos de la Iglesia". De manera particular se abocó a la recta formación del clero, tanto en el campo doctrinal como espiritual. Su amplitud de miras era universal, no limitándose sólo al Occidente cristiano sino preocupándose también por nuestros hermanos de Oriente, en orden a lo cual creó "la Sagrada Congregación para las Iglesias Orientales".

Agreguemos un dato sugestivo para nosotros, los argentinos. Siendo todavía joven, cuando tenía 35 años, integró la Misión pontificia del arzobispo Juan Muzi, enviada a Chile con la intención de elaborar un informe sobre la situación eclesiástica de Buenos Aires y Cuyo. Cuando la misión pasó por Buenos Aires, a comienzos de 1824, el gobierno de Rivadavia le dio las espaldas. Es Rivadavia "un gran enemigo de la Religión, y por consecuencia, de Roma, del Papa", anotó el joven sacerdote en sus apuntes de viaje, no dudando en calificarlo como "el principal ministro del infierno en Sud-América". En 1825, al término de dicho viaje, estando en Montevideo acotaba: "En Buenos Aires son públicas las Logias masónicas, se venden públicamente los catecismos masónicos y las patentes de agregación. Los comerciantes venden pañuelos coloreados todos de signos masónicos". Es cierto que a su paso por nuestra patria varios argentinos de ley, entre otros el general José de San Martín, lo visitaron en su casa. Al parecer, el padre Mastai Ferretti mostró en aquella ocasión sus deseos "de consagrarse a las misiones entre los indios de América", entendiendo aquella "misión diplomática" al estilo de los viajes de San Francisco Javier.

Como ya lo hemos señalado, su pontificado se desarrolló en una época de abierta persecución. A ella conspiró el racionalismo, inmanentista y secularizante, que partía de los postulados ideológicos propuestos por la Revolución francesa, juntamente con la masonería, que buscaba desprestigiar a la Iglesia, y destruirla, si fuera posible, el idealismo alemán, heredado del kantismo, el rechazo de la escolástica, en especial de Santo Tomás, en aras de la nueva filosofía y su método, la pérdida de prestigio del Magisterio…

Pío IX sabía ahora muy bien cuáles eran los verdaderos enemigos de la Iglesia. Ya su antecesor, Gregorio XVI, un gran papa, enemigo implacable del liberalismo y de las sectas durante los quince años de su difícil pontificado, en 1846, que fue el año de su muerte y el mismo en que nuestro papa subió al poder, le había pedido como testamento a Jacques Crétineau-Joly, uno de los principales historiadores católicos del siglo XIX, que ya había escrito, entre otros cuarenta volúmenes, la *Histoire de la Vendée militaire* (1841), y la *Histoire religieuse et littéraire de la Compagnie de Jésus* (1844-1846), una "Historia de las sociedades secretas". Si bien nunca llegó a hacerlo, sí utilizó el material que le dio Gregorio XVI para componer una obra realmente excelente bajo el nombre *L´Église Romaine en face de la Révolution* (1859).

En 1847, Vincenzo Gioberti había publicado en Lucerna, bajo el nombre de *Il gesuita moderno*, una requisitoria, donde presentaba al "jesuitismo", atrasado y oscurantista, como el principal obstáculo para el encuentro entre el Catolicismo y la civilización moderna nacida en la Revolución francesa. "Prefiero un diablo reformador que un ángel retrógrado", decía. La obra alcanzó gran resonancia. Su influjo se podía respirar en el ambiente. La confusión doctrinal era grande. De ahí las vacilaciones fácticas iniciales de Pío IX. Ahora, ya bien advertido, sacaría coraje para enfrentar las desviaciones doctrinales que se habían extendido tan peligrosamente, predicando la verdad a tiempo y a destiempo.

En su documentado libro *El Magisterio ordinario de la Iglesia en el Pontificado de Pío IX,* monseñor Pedro Martínez trae a colación varios textos donde se muestra la firmeza con que aquel papa supo afrontar las aciagas circunstancias que le tocó vivir. Ya en su primera encíclica, más allá de sus iniciales veleidades populistas, alude a los "tiempos calamitosos que vivimos"; denuncia "errores y engaños monstruosos", así como "doctrinas pestilentes"; fustiga a los "enemigos del nombre cristiano, arrebatados de un ímpetu ciego de impiedad" (*Qui pluribus,* 1846). A los diez años, en una alocución que lleva por título *Singulari quidem,* dejó en claro que "los grandes errores modernos son el indiferentismo y el racionalismo". Ello se explica, dirá años más adelante, por "un odio perfectamente diabólico" (encíclica *Quanto conficiamur,* 1863), etc. No era el papa un energúmeno acosado, que veía enemigos por todas partes. También los obispos alemanes de aquel tiempo se expresaban en el mismo sentido. Tratábase, a la verdad, de un ataque bien concertado. Los enemigos de la Iglesia, tan variados como peligrosos, no sólo organizaban Congresos sino que también contaban con numerosas y solventes publicaciones. Bien hace monseñor Martínez al señalar su total disconformidad con lo que afirmaba el padre Congar cuando, con motivo de la inauguración del Concilio Vaticano II, se refiriera a Pío IX como alguien que "no ha comprendido nada del movimiento de la historia", calificándolo de "hombre catastrófico". En realidad fue Congar quien no comprendió dicho movimiento, o no quiso verlo. Pío IX las tenía claras.

A juicio de Roberto De Mattei, el gran enemigo de Pío IX fue un conjunto de doctrinas y de tendencias que se resumían en un nombre: "la Revolución". No se trataba de una revolución más sino de "la" Revolución, como aseguraba monseñor Gastone de Ségur, confidente de aquel papa, no de una mera rebelión, agrega, sino de "la rebelión elevada a principio y derecho [...], la apología del orgullo y la consagración legal del principio mismo de toda rebelión"; desde el punto de vista religioso, concluye, es "la negación legal del reino de Jesucristo sobre la tierra, la destrucción social de la Iglesia". Otro autor francés, cercano a Pío IX, monseñor Gaume, así definiría la Revolución: "Si arrancando la máscara de la revolución le preguntas: «¿Quién eres tú?», ella te dirá: «Yo no soy lo que tú crees. Yo no soy ni el carbonario, ni el cambio de monarquía en república, de una dinastía a otra, ni los gritos de los jacobinos, ni los furores de los montañeses, ni las barricadas, ni la guillotina; no soy Marat, Robespierre, Babeuf, Mazzini. Éstos son obras mías, pero no son yo. Estos hombres y estas cosas son hechos transitorios; yo soy un estado permanente. Yo soy el odio de todo orden religioso y social que el hombre nuevo ha establecido [...], yo soy la proclamación de los derechos del hombre contra los derechos de Dios [...], yo soy Dios cambiado de lugar, reemplazado por el hombre. Tal es el motivo por el que me llaman Revolución, es decir, trastorno, porque coloco en alto lo que según las leyes debería estar abajo, y pongo abajo lo que debería estar arriba»".

Los autores contrarrevolucionarios coinciden en encontrar las raíces remotas de este proceso de subversión del orden natural y cristiano en el protestantismo y en el renacimiento. Durante el siglo XIX su expresión principal habría sido el liberalismo, acerca del cual ha escrito páginas insuperables el cardenal Louis Billot en su obra *De Ecclesia*. Para el ilustre cardenal, el liberalismo es el error que considera la libertad individual como el bien supremo del hombre, y aplicando al orden político y moral los principios filosóficos del naturalismo y del racionalismo, trata de emancipar el orden temporal del sobrenatural. La carta programática del liberalismo es la "Declaración de los derechos del hombre", tal cual fue promulgada en 1789, fruto predileccionado de la Revolución francesa.

¿Cuál habría debido ser la relación entre catolicismo y liberalismo, entre Iglesia y mundo moderno?, se pregunta De Mattei. ¿Antagonismo o compromiso? Ya en los años inmediatamente posteriores a la Revolución francesa, se manifestaron en los ambientes católicos las dos posibles posiciones. La primera de ellas, la de la incompatibilidad total, quedó expresada en una carta que Juan Donoso Cortés enviara en 1852 al cardenal Ferrari, y que constituye uno de los más contundentes manifiestos de la Contrarrevolución católica en el siglo XIX. La segunda, que defendía la conciliación entre la Iglesia y "el mundo moderno" fue apoyada por los católicos liberales, en especial por Félicité de Lamennais, "el Rousseau en sotana", a quien nos referiremos más adelante, quien propició la necesidad de "catolizar" el liberalismo revolucionario. "Se tiembla ante el liberalismo –decía–, catolícelo y la sociedad renacerá". Lamennais y Montalembert fueron los principales adalides del liberalismo católico, que encontró una expresión adecuada en el periódico "Le Correspondant", dirigido en buena parte por Montalembert y luego por el obispo Dupanloup. En la otra trinchera se destacó la revista "L' Univers", cuyo director era Louis Veuillot, gran polemista francés al que tanto amaría Pío IX, y también monseñor Pie, a quien llamaban "el martillo del liberalismo".

III. Dos documentos claves: la *Quanta Cura* y el *Sylllabus*

Una vez que estalló el conflicto entre las dos corrientes del catolicismo, la respuesta del Magisterio no se hizo esperar. Ya hacia el fin de su pontificado, en 1832, Gregorio XVI no vaciló en condenar el indiferentismo e, indirectamente, a Lamennais en la encíclica *Mirari vos*. Y el 8 de diciembre de 1864, décimo aniversario de la proclamación del dogma de la Inmaculada Concepción, Pío IX envió a todos los obispos del mundo la encíclica *Quanta cura*, con un anexo llamado *Syllabus o sumario de los principales errores de nuestra edad*.

El papa se mantendría vigorosamente firme en dicha tesitura. En 1871 se expresó así frente a una delegación de católicos franceses: "Tengo que decir la verdad a Francia. Existe un mal más temible que la Revolución, más terrible que la *Commune* con sus hombres escapados del infierno que propagaron el fuego en París. Lo que yo temo es esta desgraciada política, es el liberalismo católico, él es la verdadera plaga". Dos años más tarde, en carta al obispo Quimper, precisa: "No señalemos a los enemigos de la Iglesia, éstos son conocidos, sino a los que preparan y siembran la revolución, pretendiendo conciliar el catolicismo con la libertad".

Como acota Jacques Ploncard d´Assac en su espléndido libro *L´Église occupée*, estamos en el meollo del problema moderno que ya no cesará de agitar a la Iglesia, desde entonces hasta ahora: "Hay que pretender la restauración cristiana por la Contrarreforma o aceptar la Revolución y no reclamar para la Iglesia más que una precaria libertad, en una sociedad fundada sobre la voluntad del Hombre y no sobre la voluntad de Dios".

El primer documento de Pío IX es la encíclica QUANTA CURA. Allí se presenta la doctrina en tono prevalentemente "positivo", a diferencia del *Syllabus,* donde se condenan diversas proposiciones. En la encíclica, el papa, tras alabar el celo de sus predecesores, quienes "nada han apetecido nunca tanto como el descubrir y condenar todas las herejías y todos los errores contrarios a la doctrina de la Iglesia", señala que "la causa de la Iglesia católica, la salvación de las almas, divinamente confiadas a nuestra solicitud, el bien mismo de la sociedad humana" hace absolutamente necesaria una nueva intervención contra "las falsas y perversas opiniones". Porque somos testigos, agrega, de "la horrible tempestad desatada por tantas doctrinas perversas", en un momento en que tienen particular influjo "los monstruosos errores de la época", con gran daño para las almas y la sociedad civil. Que los obispos no dejen de alzar su voz ante tantos ataques contra la doctrina, de modo que, en comunión con la Santa Sede, se esfuercen varonilmente en el cumplimiento de su ministerio episcopal con un nuevo celo pastoral, en proporción a la gravedad de los nuevos errores, y así, fortificados con la ayuda del Señor, insistan para que los fieles se abstengan de los "pastos envenenados", entendiendo que las naciones cristianas descansan en los fundamentos de la fe, y que serán verdaderamente libres en el grado en que reconozcan la soberanía de Dios, porque su auténtica felicidad brota de la doctrina y la práctica de la religión católica.

Pío IX condena sobre todo tres grandes errores de su época. El primero es el *naturalismo* o, si se quiere, la ausencia de Dios en la vida de la sociedad civil. Dicho error sostiene que los gobiernos, si anhelan el progreso de sus ciudadanos, se deben constituir y han de gobernar como si Dios y la religión no existieran. Ello conduce a un indiferentismo religioso tal que ya no se diferencia la verdadera religión de las falsas. Al desterrar a Dios de la sociedad civil, se afirma una "voluntad popular" que acaba por ser la ley suprema, independiente de todo derecho divino y humano, con lo cual si algo se vuelve legal pasa a ser legítimo, por ejemplo el divorcio, las drogas, etc. Es el triunfo de las mayorías, un hecho puramente numérico. Ello llevará a desterrar la religión de la misma familia, afirmando que ella recibe toda su razón de ser del derecho puramente civil. De esta falsa concepción deriva la afirmación del derecho de cada cual a la libertad de conciencia, de culto, de opinión, libertad que Pío IX califica, con San Agustín, como "libertad de perdición", y con Gregorio XVI, como "delirio". Cada ciudadano reclama una total libertad que no podrá ser limitada por ninguna autoridad civil o eclesiástica.

Tras una alusión condenatoria al naciente comunismo y socialismo, el papa apunta a un segundo error y es el de los que defienden la *dependencia y sumisión de la Iglesia al Estado*. Recuérdese que algunos católicos liberales, como por ejemplo

Montalembert, reivindicaban la necesidad de la separación de la Iglesia y el Estado (*l´Église libre dans l´État libre*), rechazando *l´alliance du trône et de l´autel*. Era declarar la ilicitud o, mejor, la abolición de la Cristiandad. Pío IX quiere que los obispos condenen la opinión de quienes "tienden a destruir la unión y la concordia mutua del sacerdocio y del imperio, siempre tan beneficiosas para la Iglesia y el Estado". De dicho error proviene la pretensión de subordinar la autoridad de la Iglesia a la del Estado, así como la idea de que las leyes de la Iglesia no obligan en conciencia si no son promulgadas por el poder civil, y también de que los decretos del papa tocantes a la religión o la Iglesia necesitan de la sanción del poder civil, e incluso de que las condenas y excomuniones a los fautores de las sociedades secretas no valen en aquellos países donde los gobiernos las toleran, etc.

El tercer error, sin duda el más grave, es el de la *negación de la divinidad de Jesucristo*. Sabemos que el año anterior al de la publicación de esta encíclica, había aparecido un libro disolvente de Ernest Renan llamado *Vie de Jésus*, que había tenido amplia difusión.

Luego de estas y otras consideraciones, el papa concluye la parte doctrinal de su encíclica, reiterando una vez más su exhortación a los obispos para que reaviven "su celo pastoral", de modo que, desenvainando la espada del espíritu que es la Palabra de Dios, y confortados por la gracia de

Nuestro Señor Jesucristo "no dejen de enseñar que los reinos descansan sobre el fundamento de la fe". Finalmente les recomienda que en medio de tantos dramas y de tan complejas conspiraciones de los enemigos de la Iglesia contra la religión y la Santa Sede, se dirijan a Dios para alcanzar misericordia, confiando en el Sagrado Corazón y en la Virgen Inmaculada "que destruyó todas las herejías del universo mundo".

Pasemos ahora al SYLLABUS, donde se condenan errores muy difundidos en ese tiempo. Según De Mattei, la idea de hacer público un texto semejante parece haber sido del cardenal Gioacchino Pecci, el futuro León XIII, quien presidiendo como obispo de Perugia un sínodo de los obispos de Umbría, llevado a cabo en Spoleto a fines de 1849, había aprovechado la ocasión para pedir una solemne condena pontificia de los errores de la época. Tres años después, la "Civiltà Cattolica", tomando apoyo en algunos temas presentes en el *Saggio intorno al socialismo e alle dottrine e tendenze socialiste*, escrito por el conde Emiliano Avogadro della Motta, había sugerido que ya que se iba a definir pronto el dogma de la Inmaculada Concepción, se incluyese en la misma bula de la proclamación una condena de los errores modernos. En esa misma línea, el conde precitado había señalado en su *Ensayo* que la definición del dogma de la Inmaculada, si bien pertenecía al ámbito estrictamente teológico, podría significar un golpe decisivo al conjunto de las desviaciones modernas. El padre Giuseppe Calvelli, director de la revista de los jesuitas, en un artículo que tituló "Congruencias sociales de una definición dogmática de la Inmaculada Concepción de la B.V.M.", desarrolló el concepto, auspiciando él también la conveniencia de una condena de los errores en boga. El artículo apareció en la "Civiltà" de febrero de 1852. El 9 de marzo, el padre Taparelli escribía al conde Avogadro della Motta: "Convendría hacer, en fórmulas lo más exactas posibles, una lista de todas las proposiciones especulativas y prácticas que forman el carácter y el símbolo de los racionalistas y semi-racionalistas, siempre con la atención puesta en la relación que los errores mismos tienen con el pecado original para que su condena pueda conectarse con la definición suspirada del privilegio de la Virgen, y usted entenderá muy bien que cuanto más completa sea la lista más pronto y seguro se logrará el éxito del trabajo con la consecución del intento". La relación entre ambos actos se fundaría sobre el versículo litúrgico: "Tu sola destruiste todas las herejías".

La idea le agradó a Pío IX, tanto que encargó al cardenal Ferrari, que presidía los trabajos de la comisión pontificia, sondear la opinión de algunas personalidades laicas y eclesiásticas, entre las cuales monseñor Louis Pie, Louis Veuillot y Donoso Cortés. El resultado de la consulta fue que era preferible distinguir los dos actos porque los errores modernos parecían merecer una condena aparte; si aparecía sola, ejercería mayor impresión en el público. Así, a la misma comisión que había concluido los trabajos preparatorios de la definición del dogma se le confió el encargo de preparar el elenco de las proposiciones por condenar.

Consideremos ahora el texto tal cual apareció. En él se enumeran 80 errores redactados en forma de proposiciones extraídas de diversos documentos anteriores emanados del mismo papa –encíclicas, cartas, breves, alocuciones– y agrupados según su contenido en diez párrafos, donde se condenan los principales errores del tiempo. En el *primer grupo de proposiciones* (I-VII), que se refieren al "panteísmo, naturalismo y racionalismo absoluto", el papa condena el núcleo de la filosofía del siglo XIX que deifica la naturaleza humana, transfiriendo a ella los atributos que niega a Dios; tal filosofía tiene su núcleo en la afirmación según la cual "la razón humana, sin atender a Dios absolutamente en nada, es el único árbitro de lo verdadero y de lo falso, de lo bueno y de lo malo" (III), y es del hombre de donde "se derivan todas las verdades de la religión" (IV).

En *el segundo grupo* se condena el racionalismo llamado "moderado" (VIII-XIV), que confunde razón y teología, orden natural y orden sobrenatural, abriendo puertas a los peores equívocos.

El *tercer grupo de errores*, puesto bajo el título de "Indiferentismo y latitudinarismo" (XV-XVIII) se refiere a la falsa tolerancia hacia los otros cultos.

De allí brota la idea de que "todo hombre es libre de abrazar y profesar la religión que juzgue verdadera por la luz de la razón" (XV), y "los hombres, sea cualquiera la religión que practiquen, pueden encontrar en ella el camino de su salvación y alcanzar la vida eterna" (XVI). Con tales palabras se condena el relativismo religioso que se opone a la doctrina católica según la cual no hay salvación fuera de la Iglesia.

En el *cuarto grupo* no se formula ninguna proposición concreta, pero se recuerda varios documentos anteriores del mismo papa, donde se condena el movimiento del socialismo, del comunismo, de la masonería y del liberalismo católico. Vale la pena tener en cuenta que Pío IX fue el primer Pontífice en condenar repetidamente el comunismo y el socialismo. Lo hizo desde 1846 en la encíclica *Qui pluribus*, así como en la encíclica *Noscitis et Nobiscum* de 1849.

Diversas proposiciones se recogen bajo el *quinto capítulo* titulado "Errores relativos a la Iglesia y a sus derechos" (XIX-XXXVIII). Allí se consideran los diversos intentos de negar o limitar indebidamente los poderes del Magisterio o de jurisdicción de la Iglesia.

El *sexto párrafo* reagrupa varios "errores relativos a la sociedad civil considerada, sea en sí misma, sea en sus relaciones con la Iglesia" (XXXIX-LV). El error fundamental es el que se recuerda en la proposición XXXIX según la cual "siendo el Estado la fuente y manantial de todos los derechos, goza de un derecho ilimitado". En la proposición LV se condena la concepción liberal de acuerdo a la cual "la Iglesia debe estar separada del Estado, y el Estado debe estar separado de la Iglesia".

De las falsedades filosóficas brotan las morales. El *séptimo conjunto de proposiciones* se dedica, pues, a diversos "errores acerca de la moral natural y cristiana" (LVI-LXIV). De tales errores se derivan el utilitarismo y la búsqueda del lucro como forma de vida (LVIII), la destrucción del verdadero concepto del derecho (LIX) y de la autoridad (LX), así como el maquiavelismo en el obrar (LXI, LXIV).

El *octavo párrafo* reagrupa varias proposiciones que contienen "errores sobre el matrimonio cristiano" (LXV-LXXIV). Saliendo al paso de algunos de ellos el papa reitera los principios fundamentales en materia matrimonial, particularmente su sacramentalidad (LXV-LXVI) y la indisolubilidad del matrimonio (LXVII).

El *noveno grupo* recoge dos proposiciones relativas a lo que se denomina el "principado civil del Pontífice Romano" (LXXV-LXXVI).

En el *décimo y último grupo de proposiciones* (LXXVII-LXXIX) titulado "Errores que se refieren al liberalismo moderno", se condenan varias tesis fundamentales del "liberalismo", que sostienen la aconfesionalidad del Estado, la libertad de culto y de hacer públicas todas las opiniones, propagándose, así, "la peste del indiferentismo".

La *postrera proposición* (LXXX), que corona el documento, condena el error según el cual "el Romano Pontífice puede y debe reconciliarse y transigir con el progreso, el liberalismo y la civilización moderna".

El episcopado de todo el mundo declaró su adhesión a la encíclica *Quanta cura* y al *Syllabus*, considerados en su conjunto como una unidad. La prensa liberal, en cambio, reaccionó airadamente contra aquellos documentos calificados de "reaccionarios", que el periódico "Le Siècle" entendía como "el supremo desafío arrojado al mundo moderno por el papado agonizante". En Francia el gobierno se sintió precisado a formular una protesta oficial ante la Santa Sede. En Italia la publicación de los dos documentos fue prohibida el 8 de febrero de 1865. En cuanto a los católicos liberales, les resultó especialmente chocante la última proposición. ¿Cómo se podía aceptar que el papa se declarase incompatible con la "civilización moderna"? ¿No era lo mismo que renunciar a acercarse al mundo de nuestro tiempo? No comprendían que por "civilización moderna" se designaba la civilización que había apostatado del Evangelio, cerrada en su inmanentismo, con la que no cabía componenda alguna.

Sea lo que fuere, el resultado de las polémicas que suscitaron ambos documentos, pero sobre todo el *Syllabus*, fue lograr una radicalización de los campos: de un lado la Iglesia fiel, consolidada en la verdad católica, y del otro las fuerzas más abiertamente revolucionarias, privadas en adelante del sustento de los "católicos liberales". Es cierto que el principal defensor de estos últimos, monseñor Félix Dupanloup, en un opúsculo que hizo público el 24 de enero de 1865, al que tituló "La convención del 15 de septiembre y la encíclica del 8 de diciembre", trató de limitar el alcance del documento, introduciendo una distinción entre "tesis" e "hipótesis", entre principio general y aplicación concreta. El ensayo suscitó la pronta reacción de Louis Veuillot, quien al año siguiente, en *La ilusión liberal,* refutó vigorosamente la equívoca toma de posición del obispo francés. Pío IX apreció grandemente el volumen de Veuillot, declarando que en él se encontraban expresadas "todas sus ideas". De hecho la encíclica *Quanta cura* y el *Syllabus* anexo habían asestado a los católicos liberales un golpe decisivo.

Quizá uno de los que mejor comprendieron la mente de Pío IX, e incluso se puede decir que contribuyó a iluminarla previamente, fue el obispo de Poitiers, monseñor Louis Pie, amigo entrañable de aquel papa. Pocos como él supieron penetrar en la perversidad del llamado "mundo moderno" o "civilización moderna", cuya incompatibilidad con la doctrina de la Iglesia dejó bien señalada la proposición que de manera terminante cierra el *Syllabus*. Pie captó a fondo la naturaleza de la

Revolución moderna, así como la malicia de las grandes corrientes de la modernidad: el naturalismo, el racionalismo, el liberalismo, especialmente el liberalismo católico. Vio cómo el mal que provenía de *afuera* de la Iglesia comenzaba a penetrar en su *interior*, engañando a numerosos hijos suyos. Sobre la persona y el pensamiento de este obispo hemos escrito un libro bajo el nombre de *El cardenal Pie. Lucidez y coraje al servicio de la verdad*. Sabemos que dicho cardenal llegaría a constituir de hecho como un puente entre el Beato Pío IX y San Pío X. Porque cuando éste último era todavía el cardenal Sarto, patriarca de Venecia, en cierta ocasión le dijo a uno de sus secretarios que le gustaría aprender francés, y recibió de él un consejo providencial: "Lea, monseñor, las obras del cardenal Pie, que escribe muy bien el francés y es muy inteligente". Así Sarto se abocó a la lectura de las obras del ilustre cardenal, que lo dejaron fascinado y lo prepararon para afrontar la continuación de aquella batalla empeñada por Pío IX, que ya no provendría tan sólo del mundo exterior de la Iglesia sino que bulliría también en sus propias entrañas. Porque el naturalismo extraeclesiástico iba a dar un paso más, infiltrándose en el interior de la Iglesia. Al fin y al cabo, ¿qué otra cosa sería el modernismo sino aquella crisis pero adentrándose en el seno del Iglesia, en las venas mismas de la Iglesia? El anhelo paulino *Omnia instaurare in Christo*, que fue el lema episcopal del cardenal Pie, lo sería también de su mejor alumno, el gran papa Pío X.

Capítulo Segundo

QUÉ ES EL MODERNISMO

Difícil resulta determinar con precisión lo que contiene el término "modernismo", no inventado por sus cultores sino más bien por sus adversarios. Dicho vocablo se venía empleando en sentido muy amplio ya desde el siglo XVI para caracterizar una tendencia que predileccionaba aquellos tiempos en detrimento de la antigüedad clásica, o del espíritu del medioevo, de la Cristiandad. En el siglo XIX recurrieron a dicha expresión algunos protestantes para designar las tendencias anticristianas entonces detectables, y más adelante, los teólogos liberales de la Reforma. En 1883 un profesor de Lovaina señalaba que con el término "modernismo" se buscaba caracterizar la tendencia de quienes buscaban sustituir una sociedad en que la vida privada y la pública estaban regidas directa o indirectamente por Dios o por la Iglesia, en favor de otra donde el orden social lo decidía el hombre autónomo. Cuando en el paso del siglo XIX al siglo XX sobrevino en el interior de la Iglesia católica un movimiento que propiciaba una decidida reforma de su doctrina para adaptarla a las presuntas "exigencias de la modernidad", sus adversarios le aplicaron espontáneamente la palabra "modernismo". Tal costumbre se inició en Italia en 1904. Tres años después, la encíclica *Pascendi* emplearía el término en un sentido muy concreto para designar el conjunto de errores doctrinales allí claramente denunciados, que constituirían el punto de llegada de las tendencias heterodoxas de aquel movimiento difuso a que nos acabamos de referir.

También la palabra se la encontró en Francia ya a comienzos del siglo XX, con el mismo significado amplio con que se la usaba en Italia, es decir, en el sentido de complacencia por la modernidad. Sus seguidores gustaban "darse aire de modernos". La palabra, tanto en Francia como en Italia y España, saliendo del marco teológico y del campo de la moda, entró en el lenguaje de la arquitectura. Hubo un estilo que llevó el nombre de "modernismo", por ejemplo el preferido por Antoni Gaudí, que poco o nada tiene que ver con la herejía. Reiteremos, pues, que no fue sino para el ámbito doctrinal donde la encíclica introduciría la palabra en el lenguaje eclesiástico.

I. Antecedentes del modernismo

El modernismo, como fenómeno religioso, tuvo una larga preparación, que trataremos de explicitar.

1. La reforma de Lutero

Entre los antecedentes varios del modernismo católico debemos incluir uno, algo remoto, por cierto, pero cuyo peso en la historia fue muy trascendente. Nos referimos a la Reforma protestante y al ulterior Humanismo, cuyas huellas no dejan de ser perceptibles en la corriente que nos ocupa. Como bien ha señalado García de Haro, el siglo XVI presenció el aflorar insólito de una intensa si no enfermiza subjetivización de la fe, y de un posterior momento de autoexaltación del hombre hasta el paroxismo, que lo llevó a desligarse casi de lo divino, según se hizo advertible en ciertos sectores del Humanismo renacentista de impostación paganizante. La misma encíclica *Pascendi* considerará el modernismo como un eslabón en el proceso que va de la crisis protestante al ateísmo moderno. "Baste lo dicho –leemos en el texto pontificio– para mostrar claramente por cuántos caminos el modernismo conduce al ateísmo y a suprimir toda religión. El primer paso lo da el protestantismo, el segundo corresponde al modernismo; muy pronto hará su aparición el ateísmo".

Hemos expuesto en un tomo anterior de la presente serie la manera de concebir la fe en la experiencia y el pensamiento de Lutero. Según él, la fe es esencialmente un sentimiento de confianza en la misericordia que Dios nos ha dispensado por los méritos de Cristo. Dicha confianza no es algo genérico o generalizable. Lo importante para Lutero es cómo se aplica al sujeto creyente: "Yo creo que es precisamente a mí a quien Dios es favorable y a quien Dios ha perdonado", lo que me lleva al "temor, la humildad, el abandono desesperado en sus brazos […], aun sabiendo que uno está cubierto de pecados, que todo lo que hace es pecado", consigna Kostlin en su obra *La teología de Lutero*. Trátase de un complejo conjunto de "sentimientos personales" que el cristiano experimenta y que sigue experimentando. Ello hace que Lutero cultive una piedad prevalentemente sentimental, con lo que la fe, dejando de lado el contenido objetivo del "depósito", se inclina a romper con la razón teológica. "Los sofistas –afirmaba Lutero– [es decir, la teología escolástica] han pintado a Cristo en sí mismo, en cuanto él es Dios y hombre; ellos cuentan sus brazos y sus piernas y mezclan maravillosamente sus dos naturalezas. Pero no es más que un conocimiento sofístico de Cristo Jesús. Porque si Cristo es llamado Cristo no es porque tenga dos naturalezas: ¡a mí qué más me da! Si lleva ese nombre grandioso es a causa de la función y la obra que ha asumido. He aquí lo que le da su nombre. Que por naturaleza sea Dios y hombre, eso le importa a él; pero en cuanto por su función se vuelve hacia mí, él derrama sobre mí su amor, él es mi Redentor y mi Salvador, mi consolación y mi bien". Eso es lo importante para Lutero: el Dios de la fe, el Dios para mí. El Dios de la razón, en cambio, un Dios-en-sí, un Dios pujante, omnisciente, omnipotente, inefable, no le interesa. Que se queden con él los teólogos, los "sofistas" católicos. No es a "este Dios-en-sí –afirma Lutero– a quien se dirige". Sólo quiere representarse a Dios "en cuanto por su función se vuelve hacia mí".

Como consecuencia de semejante actitud, tozudamente sostenida, ante el misterio de Cristo, Lutero no sólo divorcia la fe de la razón sino también del comportamiento ético. Si la fe consiste en "tomar conciencia" de la misericordia de Dios que "nos mira como justos", aun sin serlo, si las obras no son capaces de ayudar a la fe, ni de contribuir a extinguirla, la fe de hecho se separa de la moral. Admitido que la sola fe justifica, la práctica moral entra en un cono de sombra.

Como se ve por los textos transcriptos, en la concepción religiosa de Lutero se deja advertir un doble y complementario sentido: en la "verdad religiosa", ante todo, predomina lo que "yo siento" sobre lo que "me viene dado"; y, en segundo lugar, esa verdad se construye "a la medida de mi yo". Dios interesa no por lo que es, soberano y objeto de adoración, sino en cuanto "me interesa", en cuanto calma "las inquietudes de mi conciencia", en cuanto "soluciona mis problemas personales".

Dios acaba por convertirse en "algo que satisface las necesidades humanas". Por eso, acota García de Haro, "si bien Lutero pensó que seguía inmerso bajo el signo de la trascendencia divina, en realidad iniciaba un proceso de absolutización del «yo», de autodivinización, a partir de la propia conciencia".

¿Quién podría negar que Lutero fue un hombre profundamente religioso? Con todo, para llevar adelante su lucha ascética personal, prefirió volverse sobre sí mismo. De ahí que aunque pensaba seguir buscando a Dios, en realidad sólo se buscaba a sí mismo. Dios no era el fin último de sus anhelos, sino un instrumento de su personal promoción. Cuando afirma "a mí qué más me da" que Cristo tenga dos naturalezas –"esto le importa a él", acota–, está subordinándolo y poniéndolo a la medida del hombre. Que no se interponga, pues, el magisterio de la Iglesia entre Cristo y yo. Si la revelación es algo estrictamente individual, incomunicable, ¿cómo admitir que una autoridad exterior, por sagrada que se pretenda, pueda mediar entre Dios y él para comunicarle esta revelación que él solo percibe, y menos aún, para interpretarla? El Dios trascendente, el Dios en sí, explica García de Haro, le resulta opresivo, y por tanto inconscientemente intenta destruir a ese Dios. En un libro que Federico Jacobi, filósofo alemán abrevado en las corrientes del sentimentalismo, publicó en 1816, decía: "Para que cualquier ser pueda llegar a convertirse en un objeto completamente entendido por nosotros, debemos suprimirlo y aniquilarlo en el pensamiento como objeto, como realidad subsistente en sí, para transformarlo en algo subjetivo, en una criatura nuestra".

Por lo que el autor español concluye señalando "la connaturalidad de la lectura luterana con los sectores extremos del modernismo. Todo giro subjetivizante ante la fe tiende [...] a una rebelión frente al principio de autoridad en la Iglesia [...] A la vez, implica una reforma de la doctrina de la fe, donde la «experiencia interior» priva sobre el «don» sobrenatural; donde la fe tiende a confundirse con el sentimiento religioso y a perder todo contenido intelectual «dado»; en fin, donde se le reduce además, a algo «privado», «individual» e incapaz de «informar» la propia vida o de la sociedad". Lutero invirtió la estructura del acto de fe, anteponiendo al don recibido la propia experiencia personal, la propia conciencia. De este modo procederían los modernistas. Se entiende así por qué el modernismo pudo ser colocado por Pío X en la línea dinámica que va del protestantismo hacia el ateísmo total. La subjetivización de la fe conduce tendencialmente no sólo a la disolución de lo sobrenatural sino también de la religiosidad natural.

2. La filosofía idealista

A fines del siglo XIX y comienzos del XX vastos sectores de la intelectualidad católica comenzaron a mirar con simpatía algunas tesis de la no en vano llamada "filosofía moderna", proveniente sobre todo de Descartes y Kant. Ello contribuyó a introducir en diversos ámbitos de la Iglesia cierta inclinación al subjetivismo e incluso al relativismo, tendencias ambas que llegaron a ser connaturales al llamado "espíritu moderno". Por lo demás, dicha filosofía reconocía cierta filiación respecto del subjetivismo introducido por Lutero y los suyos, a que nos referimos en el apartado anterior. Semejante inclinación no dejaría de provocar en las filas del catolicismo una suerte de ruptura con el "realismo" de la tradición teológica de la Iglesia, que había encontrado una expresión sublime en el pensamiento de Santo Tomás. La asunción de la filosofía inmanentista, propia de la modernidad, parecía involucrar un paso trascendental en orden a liberar la ciencia teológica de lo que se juzgaba una rémora histórica –la escolástica, sobre todo– que la frenaba.

Así los pensadores modernistas comenzaron a elaborar teorías benévolas sobre los contenidos del idealismo trascendental de Kant, del idealismo subjetivo de Fichte, de Berkeley, de Hume y de la escuela inglesa, más empirista. Y ello en base a una razón: "porque tales presupuestos [del idealismo] están hoy en la base de los nuevos posicionamientos de la filosofía", decían. Al aceptar dicha corriente los modernistas tomarían, al menos implícitamente, clara distancia del catolicismo tradicional, volviéndose cristianos a la manera de Renan quien, en su *Vida de Jesús*, se animaría a escribir que "el verdadero espíritu de Cristo es idealismo absoluto". En el mismo libro agrega que el culto que él desea es "un culto puro, una religión sin prácticas exteriores, basada toda sobre el sentimiento del corazón", ya que el cristianismo es "una religión absoluta que nada excluye, nada determina sino el sentimiento". Como sabemos, Kant distinguía entre el orden racional y el orden del sentimiento: "Hay dos fuentes del conocimiento humano –decía–, que parten quizás de una raíz común, pero que nos es desconocida, a saber, la sensibilidad y el entendimiento: por la primera los objetos nos son dados, por la segunda son pensados". Según la crítica kantiana, en total confrontación con la metafísica tradicional, la inteligencia humana puede, por cierto, "pensar" a Dios, elaborar su idea, y proponer un discurso en base a esa idea. Pero no teniendo experiencia alguna de la realidad divina, aquellos logros de la inteligencia se vuelven incontrolables. Será preciso recurrir al orden de la "razón práctica" si se quiere justificar, no teorética sino pragmáticamente, cualquier forma de conocimiento de Dios.

En otras palabras, el pensamiento no llega hasta la cosa en sí misma, sino sólo hasta la idea de la cosa, de modo que en el fondo el hombre no hace sino fabricar lo que conoce. En última instancia, lo que conoce es su propia idea, no las cosas exteriores, las cosas "en sí". Conoce el "fenómeno", lo que aparece de las cosas, pero no su "realidad", que le escapa. El divorcio entre la inteligencia y la realidad es absoluto. ¿Se derrumba, entonces, la teología especulativa, y con ella la teología moral? Porque si la idea de Dios es un "prejuicio", ya que Dios es una "cosa en sí", y por ende algo desconocido, ¿qué queda de la moral? Pero como recuerda el padre Dominique Bourmaud, Kant había heredado de su madre pietista la convicción de que la vida moral era una necesidad, un deber sobre el que se funda la vida honesta. Y el deber, al que el filósofo llama "imperativo categórico", reclama como condición la existencia de Dios y del alma humana. Por eso decimos que Dios existe. De donde la idea de Dios pasa a ser una consecuencia del orden moral y no su fundamento.

No estuvo, pues, errado San Pío X cuando, al condenar el modernismo no dudó en echarle una buena parte de la culpa al kantismo. Sus seguidores, Strauss en Escritura y Schleiermacher en Teología, no hicieron sino sacar las últimas consecuencias de las ideas emitidas por el maestro.

En un folleto que lleva por título *El programa de los modernistas*, aparecido en 1908, donde los seguidores de dicho movimiento trataron de responder a la encíclica *Pascendi*, se puede leer: "Ante todo hay que reconocer que los elementos que ofrece la metafísica escolástica para demostrar la existencia de Dios –argumentos sacados de las cosas finitas y contingentes, de los grados de perfección y de la finalidad del universo– han perdido hoy todo valor. En la revisión general que la crítica postkantiana ha hecho de las ciencias abstractas y empíricas y del lenguaje filosófico, los conceptos que sirven de base a esos argumentos han perdido el carácter absoluto que le habían atribuido los peripatéticos de la edad media". Como se ve, fue en vano que León XIII, el antecesor de Pío X, pocos años atrás hubiera recomendado vehementemente volver al tomismo. Los modernistas prefirieron recurrir a la filosofía moderna, más afín a las nuevas ideas.

3. El protestantismo liberal

Otro de los fenómenos que precedieron al modernismo fue el llamado "protestantismo liberal", medio siglo antes de que apareciese aquel movimiento. Tratóse de una ola de subjetivismo religioso en el campo de la Reforma, influido también por la filosofía idealista alemana de Kant y de Hegel. El movimiento partió de Alemania bajo la dirección de Schleiermacher y de Rutsch, pero luego penetró en el calvinismo francés con Sabatier y otros pensadores, que divulgaron en dicho ambiente las doctrinas de los liberales alemanes. Como lo acabamos de señalar, también ellos estaban de acuerdo en aceptar los postulados de la crítica kantiana: Dios es inaccesible a la inteligencia, toda revelación objetiva es inaceptable, los dogmas que pretenden expresar su contenido carecen de valor. En lugar de ese sistema perimido, establecían una religión fundada sólo sobre las necesidades del alma. Entre las religiones que afirmaban poseer dicha experiencia el cristianismo no era sino una forma más perfecta, si bien sus enunciados dogmáticos debían ser considerados como necesariamente inadecuados y siempre revisables, ya que sólo buscaban traducir su doctrina en proposiciones intelectuales apropiadas a las exigencias variables de los individuos y de los tiempos. El evangelio que nos trajo Jesús fue una pura "religión del espíritu", sin dogmas, sin ritos, sin jerarquías. La ulterior organización eclesiástica se explica únicamente por la influencia del ambiente sobre el cristianismo primitivo. Ello implicó una ruptura total con el cristianismo tradicional.

Sin embargo el protestantismo liberal quiso conservar la apariencia de Iglesia. De donde los pastores liberales no vacilaron en emplear formularios y ritos recibidos, si bien acomodándolos a sus nuevas ideas. Bien se ha dicho que el protestantismo liberal nos ofrece la imagen de lo que se habría impuesto en la Iglesia si en ella hubiese triunfado el modernismo.

Dentro de aquella corriente emerge con todas las características de un pionero, Friedrich Schleiermacher (1768-1834), quien encabezando una corriente de ruptura con el protestantismo luterano, acabó por convertirse en el teólogo del romanticismo sentimental y en el precursor del modernismo. Expondremos su pensamiento siguiendo lo que nos ofrece el padre Bourmaud en su valioso libro *Cien años de modernismo*. El padre de Schleiermacher, que era inicialmente un capellán militar calvinista, se incorporó luego a una secta pietista y moralista, en la que educó a su hijo. Dicha secta, que se interesaba poco en los aspectos dogmáticos del cristianismo, lo impulsó especialmente a experimentar el sentimiento de la salvación por la intermediación de Cristo. Su hijo Friedrich, que tenía un temperamento inclinado a la vida interior y a lo místico, recibió con cierta connaturalidad las ideas de su padre. Por lo demás, siendo joven estudiante de teología, quedó profundamente impactado al leer la *Crítica de la razón práctica* de Kant, aceptando la disociación que aquella filosofía establecía entre la religión y la razón. Leyó, asimismo, a los grandes pensadores de la época: Fichte, Hegel, Goethe y Schlegel.

Viendo cómo a su alrededor interesaban tan poco las grandes elucubraciones metafísicas de la filosofía clásica así como las severas exhortaciones morales, buscó fundar la religión en el corazón, en los sentimientos. Pronto se convirtió en una especie de teólogo del romanticismo sentimental, ocupando el cargo de predicador de una importante iglesia de Berlín. De los sermones que allí pronunciara saldría un libro, *La fe cristiana*, donde expone su pensamiento. Lo primero que allí se pregunta es dónde reside la religión, y cree descubrir que ella no brota sino de la conciencia, ya que en el fondo es sobre todo un sentir interior. Tal sería su convicción fundamental: la religión no es reductible a una creencia dogmática ni a un código moral. Es un sentimiento, y, más precisamente, el sentimiento de dependencia. De dicho sentimiento nació la Iglesia, la sociedad de los que dependen de Dios. Es cierto que toda religión recurre a una determinada revelación. Algo de verdad, reconoce, se esconde en esa pretensión, sólo que dicha revelación no debe ser entendida como una doctrina que proviene de lo alto, o, mejor, de Dios, sino más bien como el fruto subjetivo del concepto de Dios que brota del sentimiento religioso de dependencia, escondido en lo más recóndito del alma.

De la esencia de la religión, Schleiermacher pasa a considerar la esencia del cristianismo, que representa a su juicio la forma más pura que tomó el sentimiento religioso. El cristianismo se define en función de Cristo y su misión redentora. Y como el fondo de la religión es, según se vio, el sentimiento de dependencia, si nos atenemos a Cristo, el centro de su experiencia emocional es la conciencia que tenía de ser uno con Dios, y también de ser mediador entre Dios y los hombres. De ahí que, a juicio de Schleiermacher, el evangelio de San Juan es históricamente superior a los demás, porque expresa con mayor claridad la conciencia que Jesús tenía de ser mediador y redentor. Pero ¿Jesús era verdaderamente Dios? La pregunta parece ociosa, ya que su presunta divinidad no consiste sino en la conciencia que él tenía de ella. Su muerte es un ejemplo para nosotros, y si de hecho nos redime de nuestros pecados es porque el pecado de que nos libra se sitúa, como la religión misma, en el ámbito del sentimiento. "El pecado es un malestar del sentimiento religioso –escribe Bourmaud–, que frena nuestra toma de conciencia de Dios en nosotros, y por eso Jesús, por la intensidad de su unión con Dios, puede declararse sin pecado. Así la redención se define como el paso del estado de conciencia detenido al estado de conciencia no detenido. Este paso se opera por la fe en Jesucristo, como ya lo explicaba Lutero".

Para mejor fundar su pensamiento, Scheierma-cher recurre a sus maestros, en especial a Kant, de quien toma la idea de que las doctrinas y los ritos de la Iglesia son puros símbolos, carentes de significado intelectual, pero válidos como principios de vida por su raíz interior y moral. Asimismo, siendo para él la fe un sentimiento, una experiencia, sobre esa base propicia un ecumenismo emocional, mediante la unión de todas las confesiones por encima de sus respectivos credos. "Buscar el Infinito y el Eterno en todo lo que existe y se mueve, en toda acción y pasión, unirse al Infinito y al Eterno por una especie de conciencia inmediata, poseerlo todo en Dios y a Dios en todo, eso es la religión". Para que todos entrásemos en ese movimiento se hacía preciso seguir los pasos de Cristo, el único que tuvo plena conciencia de Dios.

Schleiermacher piensa los dogmas según las categorías de Kant, es decir, que deben incluirse en los límites de la razón pura, con lo que quedan vacíos de contenido. A su juicio, los dogmas que nos restan son como ramas muertas adheridas al árbol vivo de la fe sentimental, y destinadas a irse desprendiendo paulatinamente de él. "Al pelar la fruta se llega al hueso –dice nuestro autor–, y al deshacerse de los diferentes *credos* de las Iglesias confesionales se ha de volver a descubrir la esencia del cristianismo". Por lo demás, los diversos dogmas del cristianismo deberán ser juzgados en función de su utilidad para la vida espiritual. Son verdaderos si inspiran piedad, si dan ardor al corazón. Como bien escribe Bourmaud, "jugando con los diferentes sentidos que se puede dar a la palabra *símbolo*", estos protestantes "pasan del símbolo de la fe –el *credo*– a la fe simbólica. El dogma es tan sólo un símbolo. Pero ¿símbolo de qué? De nada, en realidad, porque el dogma sólo es la traducción intelectual, simbólica y aproximativa, de nuestra experiencia religiosa de las realidades inaccesibles".

Tal fue otra de las fuentes del modernismo católico. Según afirma el padre Lebreton, de hecho, en su momento, los protestantes liberales reconocerían en el movimiento modernista una manifestación del espíritu que los animaba a ellos mismos. Cualesquiera fuesen las diferencias de superficie, advirtieron que la misma corriente profunda que los impulsaba, arrastraba también a los filósofos y exégetas liberales de la Iglesia católica. De la misma impresión participarían en su momento los católicos de dicha corriente. Así leemos en aquel *Programa de los modernistas* a que aludimos poco hace: "Una gran crisis de las almas, crisis que no data de hoy, pero que hoy alcanza un mayor grado de intensidad, trabaja a todas las confesiones religiosas positivas de Europa: el catolicismo, el luteranismo, el anglicanismo. Son, en general, las nuevas actitudes de la conciencia pública, que contrastan con las formas tradicionales del espíritu religioso". Desde los protestantes, por su parte, se saludó ya el día próximo "en que el movimiento liberal católico se convertirá en el movimiento católico libre, en el cual el protestantismo y el romanismo serán superados o reconciliados en la unidad superior de una religión sin dogma".

4. El influjo de Renan

Este autor, que ejerció una enorme influencia en los pensadores de la época que nos ocupa, vivió entre 1823 y 1862. A los 16 años entró en el seminario de San Sulpicio, en París. Era, sin duda, un seminarista brillante. Sin embargo, estando ya por acabar los estudios eclesiásticos, se sintió sin vocación e incluso sin la fe necesaria para continuar en el seno de la Iglesia. Dejó entonces el seminario, e ingresó en la universidad, donde dio pruebas de múltiples aptitudes como literato, filósofo e historiador. Más adelante hizo viajes por el Oriente, logrando aprender bien el hebreo. Estuvo, asimismo, en varias ciudades de Grecia, por cuya cultura siempre experimentaría gran admiración. Más tarde recorrió también Italia. Ya por aquel entonces había perdido la fe. Más adelante, en 1872, el papa lo llamaría "el blasfemo de Europa".

Pronto comenzó a escribir sobre asuntos muy diversos, como la romanidad, la literatura oriental, pero sobre todo temas de índole religiosa. Fue filólogo, teólogo, exégeta, y principalmente, historiador, si bien abordando todos estos ramos con un criterio historicista. Ya para él no existía lo sobrenatural. No había ningún libro inspirado; para serlo realmente, pensaba, debía ser un libro exclusivamente divino, escrito directamente por Dios mismo, sin nada que fuese humano. Como un libro tal no existía, ergo no había libros inspirados.

Su obra que más interesa en el campo que nos ocupa es su famosa *Vie de Jésus.* Luego escribiría otras sobre los orígenes del cristianismo, que incluyó *Los Apóstoles* (1866), *San Pablo y su misión* (1867) y *Los Evangelios y la segunda generación cristiana* (1878).

Limitaremos nuestra consideración a su *Vida de Jesús*, que publicó en París en 1863, especialmente por el trascendente influjo que ejerció en el futuro modernismo. La lectura de este libro nos dejó realmente apabullados. Es la obra de un auténtico apóstata. Ya desde el comienzo escribe, refiriéndose a los evangelios: "Como todavía se creía próximo el fin del mundo, eran muy pocos los que se tomaban el trabajo de componer libros para el porvenir y sólo se trataba de grabar en el corazón la imagen del que muy pronto habían de volver a ver en las nubes. De ahí la poca autoridad de que gozaron los textos evangélicos durante ciento cuarenta años. Nadie tenía escrúpulos en adicionarlos, combinarlos diversamente y completar unos con otros [...] Prestábanse aquellos libritos y cada uno transcribía al margen de su ejemplar las palabras y parábolas que encontraba en otra parte y que conmovían su ánimo".

Renan va a abundar en consideraciones sobre los evangelios sinópticos. Pero antes de exponerlas digamos algo de lo que sostenía acerca del texto de San Juan. En él se advierte, afirma, "un interés dogmático propio del redactor", donde se trasuntan "ideas extrañas del todo a Jesús" e incluso a veces "indicios que nos previenen contra la buena fe del narrador". Frente a las tendencias más auténticas de los sinópticos, Juan escribió en griego "esas lecciones de metafísica abstracta de la cual no ofrecen ejemplo ni los sinópticos ni el Talmud!". Al parecer, creía necesario consolidar siempre de nuevo su autoridad: fue el preferido de Jesús, nos asegura; en la Cena, en el Calvario y en el sepulcro, tuvo siempre el primer rango entre los discípulos. Lo destaca con fruición. ¿No estaría resentido porque los sinópticos le habían dado un lugar secundario? Por eso insiste en que fue el último superviviente de los testigos oculares. Renan destaca la afición de Juan por los pequeños detalles: "eran las seis", "era de noche"… Por lo demás, en su evangelio presenta una trama de la vida de Jesús que difiere sustancialmente de la que nos dejaron los sinópticos y pone en boca del Señor discursos que nada tienen de común con las *logia* de éstos. "Si Jesús hablaba como dice Mateo, no pudo hablar como pretende Juan". Su evangelio, a mil leguas del estilo sencillo de los sinópticos, "manifiesta sin cesar las preocupaciones del apologista, la segunda intención del sectario". Lo que sucedió fue que cuando escribió su texto ya se alejaba la esperanza de la próxima venida de Cristo; por ello "se centra en las arideces de la metafísica, en las tinieblas del dogma abstracto". Ya estaban en su evangelio los gérmenes del gnosticismo. De ahí "sus largos razonamientos con motivo de cada milagro y esos discursos áridos y tortuosos que no sufren comparación con la sencillez de los sinópticos". En otras páginas Renan alaba a Juan, pero sin dejar de afirmar que quería imponer sus propias ideas. En fin, el frustrado sacerdote francés admite como auténticos los cuatro evangelios, pero a su juicio el valor histórico de los mismos es muy diverso: el de Mateo merece toda confianza, sus *logia* reproducen los de Jesús; el de Lucas es más débil, obra de segunda mano; son escritos que compila y, por lo demás, el autor no fue testigo de los hechos. Los evangelios no son, pues, sino "biografías legendarias". Respecto del cuarto evangelio agrega que los discursos que el autor atribuye a Jesús contienen ya un germen de teología. Estando tan en contradicción con los sinópticos, no es temerario alimentar cierta duda, o sospecha, de su buena fe.

Renan no se detiene allí, buscando cuestionar muchos datos de los evangelios, aun de los sinópticos. A su juicio, Jesús no nació en Belén sino en Nazaret. Dejó que creyeran lo primero, para que pudiese ser llamado "hijo de David". También es leyenda que nació de una virgen. En realidad nunca supo bien quién era. Estaba, eso sí, convencido de que los profetas habían hablado de él; se creyó realmente Mesías, "hijo del hombre", título que Daniel reservó para el futuro Mesías. La gente ingenuamente le creyó. Posiblemente le hicieron fama de taumaturgo. En realidad sus acciones aparentemente prodigiosas no fueron milagros. Así parece demostrarlo "la crítica histórica", asegura. Con frecuencia cuando la gente quiere exaltar a una persona le atribuye milagros. Por ejemplo no hubo resurrección alguna de Lázaro. Lo habían cubierto de vendas y encerrado en un sepulcro de familia. De hecho, nunca estuvo muerto. La alegría lo hizo revivir. La intención de Jesús era instaurar un culto puro, una religión sin sacerdotes y sin prácticas exteriores, basada toda ella en los sentimientos del corazón.

Lo que a su juicio hay que dejar bien en claro es que en modo alguno se creía Dios. Nunca quiso hacerse pasar por Dios encarnado. Afirmó, sí, que era hijo de Dios, pero todos los hombres lo son, si bien en diverso grado. He aquí las palabras de Renan: "Jesús no anunció ni por un instante la idea sacrílega de que él fuera Dios; creíase, eso sí, en relación directa con Dios, hijo de Dios, en ese sentido; el más elevado sentimiento de Dios que haya existido en el seno de la humanidad, fue sin duda el de Jesús". Por lo demás, tal era, no su opinión sino su sentimiento, que lo separaba radicalmente de los demás, "en esto es en lo que nada se parece a los individuos de su raza". Él llegó al nivel más alto al que ha podido elevarse hasta hoy alguien de la especie humana.

Sostiene Renan que desde un principio la idea fundamental de Jesús fue el establecimiento del reino de Dios. "En ocasiones se le podría tomar por un jefe democrático, queriendo simplemente el reino de los pobres y de los desheredados. Otras veces el reino de Dios es el cumplimiento literal de las visiones apocalípticas de Daniel y de Henoch. Frecuentemente, por último, ese reino es el reino de las almas y el rescate próximo es el rescate por el espíritu". Todo ello a la vez, se apresura por aclarar. En la primera interpretación, la de la revolución política, no parece haberse detenido demasiado. Sí en las otras dos. Su idea apocalíptica es sencilla: el Mesías aparecerá en las nubes, revestido de gloria, y vendrá para juzgar. Habrá dos categorías de personas, los salvados y los condenados. Los ángeles serán los ejecutores de las sentencias. Creyéndose los seguidores de Jesús en vísperas del fin del mundo, se prohibía la propiedad, se prefería el celibato, y en el matrimonio la continencia. Antes que pecar había que arrancarse el ojo… Jesús se entusiasmaba, imponiendo exigencias sin límites, aborrecer al padre y a la madre, como si hubiera olvidado el placer de vivir, de amar, de ser, de sentir. "Si alguno quiere seguirme, que renuncie a sí mismo". Una moral exaltada, que no sólo desprendía al hombre de la tierra, sino que atacaba a la vida en sus mismas fuentes. "Si el mundo os aborrece, sabed que primero me aborreció a mí". Muchos se le apartaron, otros lo creyeron loco… Pero no faltaron quienes tomaron sus exageraciones al pie de la letra. Por cierto que Jesús se equivocó, con la ilusión propia de los grandes reformadores.

La obra de Renan tuvo una resonancia mayúscula. Varias ediciones se sucedieron. Acertadamente señala C. Tresmontant en su libro *La crisis modernista,* que el prólogo que el autor escribió para la decimatercera edición, que apareció en 1864, resulta particularmente ilustrativo, porque allí nos revela algunos de sus presupuestos teológicos y filosóficos. "Las objeciones que se me han hecho –escribe– proceden de dos partes opuestas. Unas me han sido hechas por librepensadores que no creen en lo sobrenatural, ni, por consiguiente, en la inspiración de los libros sagrados, o por teólogos de la escuela protestante liberal que han llegado a una noción tan amplia del dogma que un racionalista no tendría dificultad alguna para entenderse con ellos…". Con estos adversarios, agrega, nos podemos entender perfectamente. Pero con los otros adversarios, los que realmente creen en Dios y en la inspiración de los libros sagrados, la cosa cambia: "En cuanto a las refutaciones de mi libro (que son las más numerosas) que me han sido hechas por teólogos ortodoxos, católicos o protestantes, que creen en lo sobrenatural y en el carácter sagrado de los libros del Antiguo y del Nuevo Testamento, implican todas ellas un mal entendimiento fundamental. Si el milagro tiene alguna realidad, mi libro no es más que un tejido de errores. Si los Evangelios son libros inspirados y verdaderos, por consiguiente, literalmente desde el principio al fin, he cometido un grave error al no contentarme con ir pegando los trozos de los cuatro textos como hacen los armonizadores, sin perjuicio de construir así el conjunto más redundante y contradictorio…". Como se ve, en modo alguno Renan cree en la inspiración. De ahí concluye: "Si los evangelios son unos libros como otros cualesquiera, he acertado al tratarlos de la misma manera que el helenista, el arabista o el orientalista tratan los documentos legendarios que estudian".

Más adelante agrega que lo que quiere probar en los casos concretos es que "los milagros relatados en los Evangelios no tienen realidad y que los Evangelios no son libros escritos con la participación de la divinidad. Estas dos negaciones no son en mí el resultado de la exégesis; son anteriores a la exégesis". A confesión de parte, relevo de pruebas. La negación de la posibilidad del milagro y la negación de la posibilidad de la inspiración de los libros que judíos y cristianos consideran como santos son anteriores y previas al trabajo crítico de la exégesis, son a priori, concluye Tresmontant.

El libro de Renan, excelente desde el punto de vista literario, y que revela estima y admiración por Cristo, no es, evidentemente el libro de un católico. Es un libro escrito sin fe. Cristo es un gran hombre, admirable, por cierto, pero no es el Verbo encarnado. El mismo Renan cierra así la introducción a este libro tan notable: "Si el amor a un asunto puede servir para facilitarnos su inteligencia, se concederá que no me ha faltado esta condición. Para escribir la historia de una religión es indispensable, en primer lugar, haber creído en ella (sin esto no podría comprenderse cómo ha podido subyugar y satisfacer la conciencia humana); en segundo lugar, no creer ya de una manera absoluta, porque la fe absoluta es incompatible con la sinceridad de la historia. Pero el amor existe sin fe. Puede uno muy bien no adherirse a ninguna de las formas que cautivan la adoración de los hombres, sin renunciar por eso a deleitarse con lo que ellas contienen de bueno y hermoso".

Jesús nada escribió, señala Renan. En su enseñanza no hay indicio alguno de una moral aplicada ni un esbozo de derecho canónico. Sólo una vez se prohíbe el divorcio. "Tampoco se echa de ver ninguna teología ni símbolo alguno. Sólo hace alguna vaga indicación referente al Padre, al Hijo y al Espíritu Santo, de la que habrían de deducir la Trinidad y la Encarnación, pero entonces permanecían aún en estado de imágenes indeterminadas". ¿Tenía la secta algún sacramento?, se pregunta. Sólo se habla de un nuevo pan, superior al maná, una especie de comunión, de lazo recíproco, que luego se tomó al pie de la letra. "Jesús era al mismo tiempo muy espiritualista en las concepciones y muy materialista en la expresión". Cuando decía: "Esto es mi cuerpo, ésta es mi sangre" era el equivalente a "Yo soy vuestro alimento". Se tomó la metáfora cual si fuera realidad.

Por lo demás, agrega, la doctrina del Señor no era dogmática. "Para ser discípulo de Jesús no se necesitaba creer en tal o cual cosa, lo que se necesitaba era adherirse a él, amarle entrañablemente". No trajo dogmas y símbolos pero sí "un nuevo espíritu llamado a regenerar el mundo". Lo que luego quedó de él son algunas sentencias. Fueron los doctores de la Iglesia griega quienes, a partir del siglo IV, pusieron el cristianismo en el escenario de pueriles discusiones metafísicas, así como los escolásticos de la Edad Media, "que quisieron deducir del Evangelio millares de artículos de una

«Suma» colosal". De hecho, "la religión de Jesús contiene en sí el germen de la religión definitiva". En realidad, afirma, "todas las profesiones de fe desfiguran y falsean el pensamiento de Jesús, así como la escolástica de la Edad Media, al proclamar a Aristóteles maestro de una ciencia perfeccionada, falseaba el pensamiento de aquel sabio". Si Aristóteles hubiera asistido a los debates de la escuela, ironiza, seguro que hubiera aplaudido a sus contradictores, pasándose a las filas de los progresistas contra los rutinarios que se escudaban en su autoridad. "De igual modo, si Jesús volviese hoy al mundo reconocería como sus discípulos no a los que pretenden encerrarlo completamente en algunas frases de catecismo, sino a los que trabajan en continuar su obra [...] Cualesquiera que sean las transformaciones del dogma, Jesús permanecerá siendo en religión el creador del sentimiento puro, y no habrá nada más allá del sermón de la montaña". Así, asegura, somos cristianos, aun separándonos en casi todos los puntos de la tradición que nos ha precedido.

"Permitido es, pues, llamar divina a esa personalidad sublime que todavía preside los destinos del mundo; mas no porque Jesús haya absorbido en sí todo lo divino, o (para emplear los términos de la escolástica) porque le haya sido adecuado, sino porque él es el individuo que ha hecho dar a su especie el paso más avanzado hacia la divina religión", escribe casi al término de su libro.

Cuando se refiere al orden temporal, Renan se opone, como era de esperar, al concepto de Cristiandad, a la unión de lo divino y de lo humano, a la existencia de un "poder espiritual", con su pretendido imperio sobre las almas. "Pero llegará un día –escribe– en que la separación de lo humano y de lo divino produzca sus frutos, en que el dominio de las cosas espirituales deje de llamarse «poder» para tomar el nombre de «libertad». El cristianismo germinó en la conciencia de un hombre del pueblo, en el seno del pueblo, y la clase popular fue la que en un principio le consagró su cariño y admiración; y el sello impreso a su carácter original no se borrará nunca. Él fue el primer triunfo de la revolución, la victoria del sentimiento popular".

No le faltaría razón a Loisy cuando llamó a Renan "el primer maestro de los modernistas franceses".

5. *La figura de Lamennais*

Felicité de La Mennais es otro de los grandes precursores del modernismo. Expondremos su vida y su pensamiento recurriendo principalmente al capítulo que Ploncard d´Assac le dedica en su libro *L´Église occupée*, porque nos parece lo mejor que hemos leído sobre aquél. Nació de La Mennais en 1782. Cuando tenía 23 años se encerró con su hermano Jean Marie, que era un virtuoso sacerdote, en una casa ubicada en la soledad. Los La Mennais pertenecían a la clase media francesa, y habían recibido la nobleza en 1788, justo en vísperas de la Revolución francesa. Jean Marie convenció a su hermano, que se había convertido a los 22 años, de que entrase en el seminario. Él, en realidad, nunca había pensado en ser sacerdote. Sin embargo, consintió, finalmente, en ingresar al seminario donde, tras finalizar sus estudios, se ordenó de sacerdote. Tenía 34 años. Poco más adelante, por temor a Napoleón huyó a Inglaterra, y sólo volvió a Francia después de Waterloo. Pronto escribió un notable libro bajo el nombre de *Ensayo sobre la indiferencia en materia de religión*. Al advertir la debilidad de los reyes de la Restauración se acrecentó su anhelo de que la sociedad volviera a sustentarse sobre el único Altar, sobre Cristo, en última instancia. Por aquel tiempo su ideario era absolutamente tradicional.

En 1824 fue a Roma, siendo recibido por el papa, quien no quedó demasiado bien impresionado del joven sacerdote. Luego retornó a París, y desde allí le ofreció al Santo Padre, que era León XII, algo evidentemente desmesurado, nada menos que la Monarquía Universal. Como era de esperar, el papa no le respondió. Entonces, dijo, prescindamos del papa. Vayamos al género humano. "Tarde o temprano saldrá del caos actual una gran religión [...] y realizará entre los hombres una unidad que el pasado jamás ha conocido". Como se ve, la religión para él no estaba terminada. A su juicio, la Iglesia, tal como se encontraba, debía evolucionar. Tal fue la brecha por la que se abriría paso su pre-modernismo. Fue justamente en este momento cuando salió de su pluma una palabra que en adelante sería clave y polarizaría su pensamiento: la palabra *libertad.* Desde ahora rompería con sus amigos monárquicos, y, por ende, con Carlos X. Como Roma no respondía a su llamado, él respondería por ella a través de un diario que entonces inició llamado *L'Avenir.* Era el año 1830. Las tres figuras más destacadas de dicho periódico fueron el mismo La Mennais, Lacordaire y Montalembert. Uno de ellos, el padre Lacordaire, escribiría: "La primera virtud de hoy no es la fe sino el amor sincero de la libertad". Surgía así una nueva legitimidad, tanto para la Iglesia como para la sociedad política, la Democracia. "Las prerrogativas con las que los católicos creen investida sobrenaturalmente a la Iglesia –leemos en *L'Avenir*– pertenecen naturalmente a la humanidad; ella es la verdadera Iglesia instituida por Dios por el hecho mismo de la creación, y todas sus santas prerrogativas, sus divinos atributos, forman en su conjunto lo que se ha llamado la soberanía del pueblo. A él le pertenecen el mando supremo, la última decisión sobre todas las cosas, el juicio infalible: *vox populi, vox Dei*". Para La Mennais el cristianismo, tal como él lo estaba entendiendo, sería el motor de la soñada Revolución.

El episcopado comenzó a reaccionar. Entonces La Mennais decidió dar un golpe de mano: ir de nuevo a Roma, pero esta vez con Montalembert y Lacordaire, para preguntarle al papa si estaba o no en favor de ellos. Ahora el papa era Gregorio XVI, quien había asumido algunos meses atrás. El Santo Padre los recibió paternalmente, pero en vez de tratar "el gran asunto" que llevaban los tres amigos, sólo le preguntó a La Mennais cómo estaba su hermano Jean Marie, y a Montalembert le ponderó la piedad de su madre. Luego les habló de arte, les ofreció rapé, les distribuyó medallas y rosarios, y así despidió a los "tres peregrinos de la libertad". La audiencia había durado un cuarto de hora. "¡Ya no hay papado!", exclamó, fastidiado, La Mennais, y dejó Roma, "la gran tumba –dijo– donde sólo se encuentran huesos".

Poco después el papa hizo pública una encíclica, la *Mirari vos*, su primer acto de pontificado, donde condenaba aquella herejía difusa, a la que se denominaría sucesivamente: liberalismo católico, modernismo, sillonismo, progresismo… En su documento señala la gravedad del momento que se está viviendo, no dejando de acusar el papel de las sociedades secretas. Bien sabía de lo que hablaba, ya que había tenido en sus manos las Instrucciones de la Alta Venta de los Carbonarios, cuyo texto haría publicar Pío IX algunos años más tarde, en 1860. Allí se podía leer: "El trabajo que vamos a emprender no es obra de un día, ni de un mes, ni de un año; puede durar varios años, acaso un siglo […] Lo que debemos buscar y esperar, como los judíos esperan al Mesías, es un papa según nuestras necesidades [...] Ante todo se trata de prepararle, a este papa, una generación digna del reino que soñamos [...] Que el clero camine bajo nuestro estandarte creyendo siempre que camina bajo la bandera de las Llaves Apostólicas". A la luz de esta situación hay que leer la medulosa encíclica *Mirari vos*. En ella Gregorio XVI alertaba contra quienes pretendían cambiar el credo católico: "Nada de lo que ha sido convenientemente definido admite ni disminución, ni cambio, ni adición, y rechaza toda alteración del sentido e incluso de las palabras". Y proseguía: "¿Qué quieren estos innovadores temerarios si no dar nuevos fundamentos a una institución que ya no sería, precisamente por esto, más que la obra del hombre [...], volviendo a la Iglesia, que es divina, humana?". El papa denunciaba así el trabajo de "concientización" llevado a cabo por "una multitud inmensa de libros, de folletos y de otros escritos, pequeños en volumen, es verdad, pero enormes en perversidad".

No deja de ser curioso, observa Ploncard d´Assac, que en la encíclica La Mennais no haya sido nombrado ni una sola vez, cuando en todas sus páginas se apuntaba a él. Éste, aturdido por el golpe que acababan de propinarle, declaró que él y sus amigos se sometían y que *L´Avenir* ya no volvería a aparecer. Lacordaire, entendiendo que La Mennais no se había sometido realmente, fue el primero en romper con sus colegas.

Tal sospecha no era improbable. El innovador sólo había constatado que en la Iglesia la defensa de las ideas de *L'Avenir* ya no era posible. Pero ¿fuera de la Iglesia? En una carta suya de noviembre de 1832 leemos: "El catolicismo era mi vida, porque era la de la humanidad; quería defenderlo, quería sacarlo del abismo en el que se va hundiendo cada día; nada era más fácil. Los obispos han visto que esto no les convenía. Quedaba Roma, he ido allí, y allí he visto la más infame cloaca que jamás haya manchado la mirada humana. La cloaca gigantesca de Tarquino sería demasiado pequeña para dar paso a tantas inmundicias. Allí no hay otro Dios que el interés; allí se vendería a los pueblos, al género humano, allí se vendería a las Tres Personas de la Santísima Trinidad –una tras otra, o todas juntas– por un trozo de tierra o por algunas piastras". Gregorio XVI, agrega en otra carta, no es más que "un cobarde e imbécil anciano". De donde concluye: "Que el Papa y los obispos se las arreglen como puedan y en lugar de hacernos campeones del catolicismo, dejemos a la Jerarquía y presentémonos simplemente como los hombres de la libertad y de la humanidad". Se ve que interiormente ya había abandonado la Iglesia. "Ha llegado el tiempo de decirlo todo", afirmó, endosando una profecía: "Dentro de pocos años, la Iglesia liberada por acontecimientos extraordinarios se regenerará y hasta ese momento no debe esperarse nada. Las cosas se preparan para una reforma inmensa". Luego se pregunta: "¿Cómo será la nueva Iglesia?". A lo que responde: "Lo ignoro, no se sabía más cuando la Sinagoga expiró, mejor dicho, cuando sufrió la transformación profetizada".

Sin embargo, aún no estaba del todo seguro. La duda lo seguía consumiendo, tanto que aseguró su sumisión a los actos de la Santa Sede y se comprometió extrañamente "a permanecer en el futuro, en sus escritos y en sus actos, totalmente apartado de las cosas que se refieren a la Iglesia". Tal decisión, astuta, por cierto, era inaceptable para un sacerdote; no hablar en adelante de las cosas que se refieren a la Iglesia era abandonar de hecho su ministerio. Nada, pues, de extraño que en noviembre de 1833 su obispo le retirara las licencias sacerdotales. Ahora sí daría el paso definitivo, pidiendo la secularización.

Poco después, en 1834, hizo público un vibrante manifiesto, *Les paroles d´un croyant*. Allí anunciaba "su paso al pueblo". En adelante ya no firmaría La Mennais, sino Lamennais, en una sola palabra, para señalar que se aliaba al régimen democrático, como habían hecho algunos nobles en los años de la Revolución. Ahora va a declarar que no hay incompatibilidad alguna entre el Evangelio y la Libertad; sí la hay, por cierto, entre la religión, tal como Roma la enseña, y las verdaderas aspiraciones del pueblo. Pero el pueblo nada puede si no está organizado: "Cuando un árbol está solo, es golpeado por el viento y despojado de sus hojas, y sus ramas, en lugar de elevarse, se inclinan como si buscasen la tierra. Cuando una planta está sola, no encontrando defensa alguna contra el ardor del sol, languidece, se seca y muere. Cuando el hombre está solo, el viento del poder le inclina hacia la tierra y el ardor de la codicia de los grandes de este mundo absorbe la savia que le nutre. Así, pues, no seáis como la planta y el árbol que están solos, sino uníos unos a otros y apoyaos, y resguardaos mutuamente. Dios no nos hizo para ser el rebaño de unos cuantos hombres".

En 1834, una nueva encíclica, la *Singulari vos*, condenaba el libro *Les paroles d´un croyant*, "ese libro pequeño de dimensiones –dirá–, pero inmenso de perversidad [...], libro que encierra proposiciones respectivamente falsas, calumniosas, temerarias, que conducen a la anarquía, contrarias a la palabra de Dios, impías, escandalosas, eróneas, ya condenadas por la Iglesia especialmente en los husitas, los valdenses, los wiclefitas y otros herejes de esta especie". No deja de ser ilustrativo advertir cómo el papa denuncia la filiación de los errores lamenesianos. El heresiarca no aparece como un "innovador". Su doctrina no es nueva. Es sólo una mezcla romántica de los postulados de los husitas, valdenses y otros herejes de los tiempos pasados. A pesar de todo, el libro conoció un gran éxito, ocho ediciones en menos de un año, más de cien mil ejemplares vendidos. Tras esta obra Lamennais publicó otros dos libros, aún más violentos. En uno de ellos, los *Affaires de Rome,* que apareció en 1837, cuenta a su manera el viaje de "los peregrinos de Dios y de la Libertad" en 1832, y anuncia también una nueva Iglesia: "Si los hombres acuciados por la imperiosa necesidad de reanudar, por así decir, su trato con Dios, de rellenar el vacío inmenso que la religión ha dejado en ellos al retirarse, se vuelven a hacer cristianos, que no se piense que el cristianismo al que se vuelven a vincular puede ser jamás el que se les presenta bajo el nombre de catolicismo. Hemos explicado el por qué, mostrando un futuro inevitable y ya cerca de nosotros, en el cual el cristianismo será concebido y el Evangelio interpretado de una manera por los pueblos, de otra manera por Roma; de un lado el pontificado, del otro la raza humana; esto lo dice todo". Chateaubriand, hacia el fin de su vida discípulo de Lamennais, en sus *Mémoires d´Outre-tombe* escribiría: "La religión, lejos de estar a su término, entra apenas en su tercer período, el período político: Libertad, Igualdad, Fraternidad".

En el pensamiento de Lamennais vemos ya algunos esbozos del futuro modernismo. En lo que a dicho personaje respecta, se sabe que, a medida que transcurrían los días, se fue desprendiendo paulatinamente de su interés por los asuntos religiosos, dedicado ahora totalmente a su nuevo mito: el Pueblo. En 1837 escribe el *Livre du Peuple,* tras las huellas de Rousseau. Más adelante, en 1848, se enroló en las filas de la revolución democratizante. Pronto fue elegido diputado, sentándose a la izquierda. Alexis de Tocqueville nos ha dejado un retrato fidedigno del novel funcionario, que permite caracterizar al Lamennais del final de su vida: "Hay que considerar ante todo a los sacerdotes seculaizados si queremos hacernos una idea exacta del poder indestructible y por así decir infinito que ejercen el espíritu y las costumbres clericales sobre aquellos que ya han estado sometidos a ellos. Por más que Lamennais llevase medias blancas, un chaleco amarillo, una corbata de colorinches y una levita verde, no por ello dejaba de ser sacerdote por el carácter e incluso por su aspecto. Avanzaba con pasos cortos, apresurados y discretos, sin jamás volver la cabeza ni mirar a nadie, y así se deslizaba entre la multitud con un aspecto torpe y modesto, como si hubiera salido de una sacristía, y junto a esto un orgullo como para andar sobre cabezas de reyes y enfrentarse con Dios".

¿De qué vivió el último Lamennais? Crétineau-Joly refiere de él un hecho singular: en tiempos juveniles había publicado con su nombre diversos opúsculos ascéticos, y mientras sus grandes libros políticos no habían conocido más que un éxito efímero, tuvo asegurado el pan de su vejez por la venta de aquellas obras piadosas; "este pensamiento fue para él un tormento supremo", comenta el gran historiador. En 1854 enfermó de pleuresía. Pronto sintió llegar la muerte. "Mi cuerpo será llevado directamente al cementerio, sin ser expuesto en ninguna iglesia". Unas horas antes de morir quiso hablar, pero no logró articular palabra. Un sacerdote pidió verlo, pero los que cuidaban dejaron la puerta cerrada.

El féretro fue bajado a una de esas largas zanjas donde se entierra a la gente del pueblo. Cuando se le recubrió de tierra, el sepulturero preguntó: "¿Hay que ponerle una cruz?". El interrogado respondió: "No. Felicité de Lamennais ha dicho: Sobre mi tumba no se pondrá nada".

De él diría Lacordaire: "Tanto por su carácter como por su espíritu sólo podía detenerse cuando ya no quedaba nada por destruir". Hablando de él había confesado León XII en su momento: "Tenemos continuamente ante los ojos su rostro de condenado".

6. El americanismo

El último antecedente del modernismo que vamos a considerar es el llamado "americanismo". Por dicha palabra se designó un conjunto de opiniones tocadas por el naturalismo y el liberalismo en relación con la conducta del cristiano y los métodos de apostolado que se emplearon a fines del siglo XIX en algunas diócesis de los Estados Unidos. Lo que se ha convenido en llamar "americanismo" no es, propiamente hablando, un sistema doctrinal que brota de un error claramente caracterizado, sino más bien una praxis determinada.

El hecho que lo desencadenó fue la aparición, en 1897, de una *Vida del P. Hecker,* traducida al francés por el padre Félix Klein. Dicho libro llegó a constituir una suerte de manifiesto. He aquí en resumen la carrera del biografiado. Nacido en Nueva York el año 1819, de padres de origen alemán, el joven Isaac Thomas Hecker tuvo que abocarse al trabajo manual, con detrimento de sus estudios, que él amplió, como pudo, sobre todo mediante la lectura asidua de Kant. Atraído por los ideales de justicia y reforma social, desde los 15 años se inició en la política. Al mismo tiempo sintió el atractivo del Evangelio, que lo sedujo sobre todo por su apelación al pueblo sencillo, a los humildes. Al mismo tiempo trataba de mantener una honda vida interior. Pronto se hizo católico e ingresó en la vida religiosa, más concretamente, en la congregación de los redentoristas, quienes lo enviaron a Bélgica para que allí hiciera el noviciado.

La prueba comenzó para él con los estudios de teología, ya que en dicha materia se sentía incapaz de aprender nada. ¿Cómo podré ordenarme de sacerdote?, se preguntaba. Con todo accedió al sacerdocio en 1849. Vuelto a los Estados Unidos, se consagró exitosamente a las misiones. Pronto publicó dos obras: *Cuestiones del alma* y *Las aspiraciones de la naturaleza*. Algunas páginas no estaban exentas de cierto sabor pelagiano. Un día, sin el debido permiso, se fue a Roma. Tras diversas tramitaciones lo despidieron del instituto religioso al que pertenecía. Estando en la Ciudad Santa visitó al papa, que era por aquel entonces Pío IX, quien lo recibió con bondad, oyó sus razones, lo dispensó de los votos religiosos, tanto a él como a un pequeño grupo de religiosos que compartían sus ideas, y los autorizó a iniciar un nuevo instituto. Así lo hicieron, ya de vuelta en Estados Unidos, dedicándose a misionar, dar conferencias y otras actividades. El padre Hecker murió en 1888.

Sus admiradores exaltaron su figura hasta el exceso: había sido un gran teólogo, un verdadero doctor, comparable a los Padres de la Iglesia, "la joya del clero", llegó a decir de él monseñor John Ireland, obispo de San Pablo de Minnesota. Este prelado, inteligente y apostólico, con una fe bien al estilo norteamericano, se caracterizaba por el ideal democrático y la convicción de que los Estados Unidos tenía un papel religioso que jugar respecto de Europa. Así se fue configurando poco a poco una especie de Iglesia de los Estados Unidos, una Iglesia abierta a la modernidad, bajo el régimen pacífico de la tolerancia y del derecho común. La idea se iba gestando, cuando sobrevino un hecho que sacudió al país, la constitución del llamado *Parlamento de las Religiones*, o también *Feria de las Religiones*. La idea de llevarla a cabo nació con ocasión de una Exposición realizada en Chicago el año 1893. Ya dos años antes se había formado un Comité integrado por luteranos y metodistas, al que se agregó un judío y el arzobispo católico de Chicago. Dicho

Comité hizo público un manifiesto por el que se invitaba a los representantes de todas las creencias, a prestar su concurso "para ofrecer al mundo, en la Exposición de 1893, un cuadro de las armonías religiosas de la humanidad". Se habían propuesto "reunir en una conferencia, por primera vez en la historia, a los principales representantes de las grandes religiones del mundo", para encontrar las verdades fundamentales "que constituyen el tesoro común de las diversas religiones". El cardenal Jaime Gibbons, uno de los gestores del encuentro, decía que el fin de la convocatoria era presentar a quienes buscan la verdad, los postulados respectivos de las diversas religiones para que cada cual pudiese abrazar la que se impusiera a su conciencia. Fue una especie de campaña electoral en que las religiones, como si fuesen partidos políticos, ensalzaban sus plataformas y sus propios méritos. Y continuando con la comparación, a semejanza de las contiendas electorales, también los católicos norteamericanos que estaban en este proyecto tuvieron la idea de silenciar ciertas afirmaciones doctrinales de la Iglesia que pudieran resultar chocantes. Más aún, algunos de ellos se permitieron dar lecciones a los católicos de Europa, por ejemplo el cardenal Gibbons, el cual, de paso por París, dijo que los sacerdotes franceses no hablaban a los hombres de este siglo el lenguaje de este siglo. "Hablan como en otros tiempos y parecen venir de regiones lejanas, oscuras, en las que se hubiese ignorado los cambios".

El 15 de septiembre de 1895, León XIII condenó el principio mismo de la "Feria de las Religiones". Así le escribía al cardenal Gibbons: "Hemos sabido que en Norteamérica se celebran asambleas en las cuales, indistintamente, los católicos se unen a los que están separados de la Iglesia para tratar de cuestiones religiosas o de cuestiones morales". Y aludiendo a las reticencias a que acabamos de referirnos agregaba: "No hay que creer que no exista ningún pecado en este silencio, en el cual se omiten intencionadamente y se relegan al olvido ciertos principios de la doctrina católica".

Con notable similitud de propósitos, dos sacerdotes, los padres Klein y Charbonnel, lanzaron la idea de organizar un Congreso Universal de las religiones en París, con el fin de lograr una "unión moral de las religiones". La estrategia era clara. "Se hará –escribían en septiembre de 1895– un pacto de silencio sobre todas las particularidades dogmáticas que dominan los espíritus y un pacto de acción común en aquello que une los corazones, por la virtud moralizadora que está en toda fe. Será el abandono de los viejos fanatismos, será la ruptura de esa larga tradición de embrollos que mantiene a los hombres exasperados por sutiles disensiones de doctrina, y el anuncio de nuevos tiempos [...] Ha llegado la hora para esta unión suprema de las religiones". Bien ha señalado Ploncard d´Assac que tal proyecto coincidía puntualmente con la doctrina masónica impuesta en las "Constituciones" de 1717, según la cual en materia religiosa los francmasones no estaban obligados más "que a esta religión en la que todos los hombres están de acuerdo, dejándoles la elección de sus opiniones individuales […] De este modo, la masonería se convertirá en el centro y el medio de crear una fraternidad verdadera entre gentes que, sin esto, habrían quedado divididos para siempre".

El arzobispo de San Pablo de Minnesota había escrito un libro al que llamó *La Iglesia y el Siglo*. Allí leemos: "¡La Iglesia y el Siglo! Ponedlos en íntimo contacto, sus corazones laten al unísono; el Dios de la Humanidad opera en el uno, el Dios de la Revelación sobrenatural opera en el otro; en ambos es el mismo y único Dios". Pero monseñor Ireland dudaba de la vocación democrática de Francia, pensando que dicha nación no sería capaz de concretar semejante proyecto. Para que lograra ser efectivamente llevado a la práctica debía ser asumido por los Estados Unidos. Y así, dos años después de que León XIII hubiese condenado aquel proyecto del que hablamos más arriba, afirmaba: "Creo que una misión divina ha sido asignada a la República de los Estados Unidos; esta misión es la de preparar el mundo, por el ejemplo y por la influencia moral, al reino universal de la libertad humana y de los derechos del hombre. Norteamérica no vive para ella sola. Los destinos de la humanidad están confiados a su custodia. Ninguna doctrina de Monroe confine su democracia a las costas del Atlántico y del Pacífico". Sólo Estados Unidos parecía estar en condiciones de llevar al mundo las ideas de 1789, ahora cristianizadas. Por eso este intento tomaría el nombre de "americanismo". En su prefacio a la traducción francesa del libro de monseñor Ireland, el padre Klein aseguraba que la Iglesia "bendice la democracia y la considera como eflorescencia de sus propios principios de igualdad, de fraternidad y de libertad de todos los hombres ante Cristo y por Cristo".

Ploncard d´Assac indica interesantes coincidencias. "Hay una religión universal –enseñaba ya el Gran Oriente a mediados del siglo XIX– que encierra todas las religiones particulares del globo: es la que nosotros profesamos". También era esta la idea que latía en el seno del judaísmo: "La Alianza Israelita Universal –escribía su fundador, Benjamín Crémieux– apenas nacida (1861), ya hace sentir su influencia saludable a lo lejos […] No se limita a nuestro solo culto, se dirige a todos los cultos. Quiere penetrar todas las religiones, como penetra en todos los países. Que los hombres cultivados, sin distinción de culto, se unan a esta Asociación Israelita Universal, cuyo fin es tan noble, tan ampliamente civilizador. Tender una mano amiga a todos esos hombres que, nacidos en una religión distinta a la nuestra, nos tienden una mano fraternal, reconociendo que todas las religiones cuya moral es la base y cuya cima es Dios, deben ser amigas entre ellas, haciendo así caer las barreras que separan lo que debe reunirse un día, he aquí, señores, la bella, la gran misión de nuestra Alianza Israelita Universal".

Fue en el entretanto cuando apareció la vida del padre Hecker, obra de propaganda, casi de combate, a que aludimos páginas atrás, que sería algo así como el punto de referencia del "americanismo". Eran los momentos del *ralliement*, del liberalismo católico y de las crisis previas al modernismo. La polémica llegó a las parroquias y seminarios, dividiendo a sus integrantes en dos campos irreductibles. Desde todas partes se urgía al papa León XIII que tomara medidas. Así lo hizo, finalmente, dirigiendo el 2 de enero de 1890 una carta al cardenal Gibbons, la *Testem benevolentiae*, donde reprobaba las opiniones relativas al método de vida cristiana que se propagaban bajo el nombre de "americanismo".

Expongamos el contenido de la Carta pontificia. ¿Qué es el americanismo? Es menos, se dice, un sistema doctrinal que un conjunto de aspiraciones y de postulados. Todo comenzó, señala el papa, por un anhelo noble, el de buscar una *nueva manera de ganar las almas*. "Para llevar más fácilmente a los disidentes a la verdad católica, dicen, es preciso que la Iglesia se adapte más a la civilización de un mundo llegado a la edad adulta, y que, suavizando su antiguo rigor, se muestre favorable a las aspiraciones y las teorías de los pueblos modernos". Ellos se consideraban, por cierto, en la avanzada de la

Iglesia. "Yo querría abrir las puertas de la Iglesia a los racionalistas –había dicho el padre Hecker–; ellas me parecen cerradas para ellos. Siento que yo soy el pionero que abrirá el camino". Para lograrlo los cultores del movimiento creían que se hacía preciso mitigar la enseñanza tradicional, dejar en la sombra algunas verdades, o edulcorar el sentido de las fórmulas. A lo que responde el papa en su Carta diciendo que el depósito de la fe es inmutable, que todas sus partes son igualmente divinas.

Otro recurso de la apologética del padre Hecker consistía en el uso del método que luego se llamaría de *la inmanencia*. "Tratando cada punto de nuestra doctrina […] yo consideraba primero a qué necesidad de nuestra naturaleza cada dogma se refería y se dirigía especialmente […] Luego se presentaba la cuestión. ¿Cuál es la religión que reconoce este elemento o esta necesidad de nuestra naturaleza, y que puede satisfacer sus legítimas exigencias?"

El segundo error del americanismo que el papa señala en su documento es el "de *introducir cierta libertad en la Iglesia*, para que, quedando restringidos, hasta cierto punto, el poder y la vigilancia de la autoridad, le sea permitido a cada fiel desarrollar más libremente su iniciativa y su actividad". Ellos afirman –sigue la Carta– "que se trata de una transformación necesaria, como aquella libertad moderna que constituye casi exclusivamente en la hora actual el derecho y el fundamento de la sociedad civil". La libertad conquistada en el terreno político impulsa por analogía a reclamarla en la Iglesia.

Para que la libertad de pensar u obrar no degenere en licencia, prosigue el papa, el padre Hecker dice que cuenta con *la dirección inmediata del Espíritu Santo,* cuya actividad en las almas sería hoy más manifiesta que nunca. Lo que lleva a reivindicar para dicho Espíritu una intervención más amplia que antes es sobre todo la repugnancia que sienten nuestros contemporáneos en tener que servirse de intermediarios para ir a Dios. Esta repugnancia, derivada del protestantismo, se la interpreta como un signo de los tiempos. Por lo demás, entre el ejercicio del Magisterio y las efusiones del Espíritu Santo existiría una especie de antagonismo; las restricciones que el Magisterio implica para la independencia de los fieles estorban las iniciativas de lo Alto, porque Dios obra tanto mejor en el alma cuanto ella es más libre: *Ubi spiritus Domini, ibi libertas,* alegan. Se aplica al orden sobrenatural una conclusión sacada de premisas puramente humanas. Es esta una libertad diferente de la que preconiza el Apóstol.

De la idea que el padre Hecker se hace de la actividad del Espíritu Santo en las almas libres brota la doctrina del americanismo sobre *las virtudes.* Dos errores retienen en particular la atención del papa: la preferencia que se da tanto a las virtudes naturales por encima de las sobrenaturales, como a las virtudes activas sobre las pasivas. "El padre

Hecker –había escrito monseñor Ireland– se apoyaba fuertemente sobre las virtudes naturales y sociales [...] La lealtad, la honestidad en las ocupaciones, la obediencia a la ley y al orden, la temperancia, el respeto a los derechos de los demás; todo esto es ordenado por la razón aun antes de que la revelación nos hable de ello [...] Sería muy difícil persuadir a un americano que una Iglesia impotente para fortificar esas virtudes primordiales pueda inspirar otras que ella misma proclama de un orden más elevado y más arduo [...] El pueblo americano da poca atención a las cosas abstractas".

En su documento el papa señala que es un contrasentido exaltar las virtudes naturales por encima de las otras. No se puede observar en su integridad la ley natural sin la ayuda de la gracia. En cuanto a las virtudes activas, hablando de ellas escribía Ireland: "Cada siglo tiene su ideal en materia de perfección cristiana. A veces fue el martirio, a veces la humildad en el claustro. Hoy nos es preciso el hombre de honor cristiano y el ciudadano cristiano". En la Carta se afirma que en realidad no hay virtudes pasivas. El concepto mismo es contradictorio: la virtud implica una perfección de la potencia, y el fin de la potencia es el acto. Pretender, por ejemplo, que la obediencia debilita los resortes del alma, es confundirla con la pasividad servil del animal. La humildad, por lo demás, no es en modo alguno incompatible con la práctica de las virtudes activas (el coraje, el trabajo, el celo, etc.). Las virtudes llamadas pasivas condicionan la fecundidad en el obrar.

El desafecto que los novadores experimentaban por las virtudes pasivas los llevó a cierta *desestima de los votos de la vida religiosa*. Ellos preferían los grupos regidos solamente "por la ley del amor". Para el padre Hecker el objeto de los votos se identifica parcialmente con las virtudes pasivas, lo que hace al alma menos atenta y permeable a la actividad del Espíritu Santo. De donde resulta que los votos son vistos como una rémora a la perfección para los caracteres viriles. Tales inclinaciones, insinuaban, ya tuvieron su época, y deben dejar paso a modalidades nuevas, porque Dios, el autor de toda gracia, nunca se repite. En las obligaciones derivadas de los votos parecían ver algo que se opone a lo que nace de la caridad, no comprendiendo que la entrega de los votos es la expresión más alta de la caridad, la ofrenda total, semejante al martirio.

Tal fue el llamado "americanismo", un nuevo tipo de catolicismo, en que la Iglesia romana, en buena parte, tendría que hacer los gastos, y de donde saldría, en un porvenir próximo, la tan deseada comunión de la fe de nuestros padres con las aspiraciones de la civilización moderna, en la apoteosis final de un catolicismo modernizado, renovado, pero podado y bastardeado, que sería "el catolicismo americano". León XIII dejó en claro que aun cuando la disciplina eclesiástica permite, según las circunstancias, adaptarse armoniosamente a las costumbres de los pueblos, sin embargo nada puede afectar la intangibilidad del dogma, así como de los principios esenciales de la moral y de la vida espiritual.

II. Una suscinta aproximación al modernismo

Hasta aquí hemos ido considerando los antecedentes o prolegómenos históricos del modernismo. Veamos ahora cómo se fue manifestando en la Iglesia.

Si bien el ideario de dicha herejía quedará bien en claro cuando expongamos el contenido de la encíclica *Pascendi*, que fue el documento pontificio donde se lo condenaría solemnemente, desde ya nos vamos a ir adentrando en su contenido. Hablando muy en general, el modernismo no fue sino un movimiento que tuvo acogida en vastos sectores de la Iglesia, tendiente a acomodar el catolicismo a las llamadas "exigencias de los tiempos modernos". Sus raíces filosóficas se hunden en el agnosticismo, la exaltación del sentimiento y el concepto de inmanencia. Según el agnosticismo, el hombre con su sola razón nada podía conocer en el campo religioso y menos aún en el ámbito sobrenatural. El énfasis puesto en el sentimiento, de inspiración protestante, al estilo de Schleiermacher, hizo que sus cultores se confirmasen en la idea de que Dios y el mundo religioso no resultaban ya detectables en el recinto de la inteligencia. De este modo se fue cambiando, o al menos desfigurando, los conceptos de fe, religión y dogma, así como el sentido de la revelación, al tiempo que se cuestionaba el primado del orden sobrenatural, el concepto de inspiración bíblica y la autoridad de la Iglesia.

Aclarando y ampliando lo que acabamos de señalar, el padre F. J. Montalbán señala que, en razón de su agnosticismo, el modernista no podía llegar a la fe, y ni siquiera a la religión, por medio de la revelación externa. El único acceso que le era posible debía ser por algo íntimo al hombre, por la vía del inmanentismo, más concretamente, por el sentimiento íntimo que experimentaba de la necesidad de un Dios que existiese; tal era el comienzo de su religión y de su fe. Ese irrumpir del sentimiento religioso en los dominios de la conciencia constituía para los modernistas la revelación. Aceptaban, sí, la inspiración de la Sagrada Escritura, pero sólo en el sentido de que sus autores estuvieron bajo el entusiasmo e influjo de ese sentimiento extraordinario o vivencia religiosa. No era, pues, la revelación la palabra de Dios, ni la fe el asentimiento a un testimonio divino que no existía; la fe nada tenía que ver con el entendimiento, ya que se trataba de algo alógico, el aprehender a Dios por la intuición del corazón y la experiencia interna. ¿Qué era, entonces, lo que daba forma intelectual a aquella fe? Sólo la expresión de ese sentimiento, que no contenía en sí una verdad absoluta; era un mero símbolo, que para ser vital necesitaba irse acomodando a la fe y a los fieles en cada época. Al igual que el dogma, también los sacramentos no eran sino exigencias y modos de sensibilizar la religión. La Iglesia misma brotó de la necesidad inmanente que sentían los fieles de comunicarse unos a otros sus vivencias religiosas. La autoridad eclesiástica no se fundaba en Cristo y en los Apóstoles sino que nacía del pueblo y, por lo tanto, debía ser democrática. Por lo demás se imponía la separación entre la Iglesia y el Estado. Más aún, en cierto modo la Iglesia debía estar sujeta al Estado. La idea medular y quintaesenciada de la ideología modernista era la ley de la evolución; todo evoluciona y cambia, la fe, el dogma, la moral, el culto, la Iglesia. Como acabamos de señalarlo, sobre estos temas vamos a volver con más detención cuando expongamos el contenido de la encíclica *Pascendi,* que a todo ello se referirá puntualmente.

Según se va viendo, el modernismo fue un fenómeno sumamente complejo, donde todo fue puesto en cuestión: el problema religioso, la constitución de la Iglesia, la relación de la fe con la historia, la fijeza de los dogmas, etc. Todo ello sobre el presupuesto de que el pensamiento católico se había vuelto anacrónico, estaba superado.

Resumiendo lo dicho hasta acá, si tuviéramos que señalar las raíces de este movimiento, podríamos decir, de manera muy suscinta, que son tres. Una raíz filosófica, ante todo, el agnosticismo, principalmente bajo el influjo de Kant, el cual afirmaba, entre otras cosas, que el entendimiento no podía aprehender con certeza nada que estuviese en el ámbito de las cosas sobrenaturales. Una raíz psicológica y religiosa, bajo la influencia de Schleiermacher, según el cual la religión consistía únicamente en la vida interior de cada quien. Finalmente una raíz histórica, el evolucionismo, basado en el relativismo histórico, para el que nada está acabado, todo se encuentra en devenir, dogmas incluidos. De lo que en el fondo se trató fue de un intento inmenso por lograr que la Iglesia diese un golpe de timón en orden a que se volviese acorde al "mundo moderno". Eso es lo que buscaba el modernismo, una alianza entre el cristianismo y el espíritu de la modernidad.

Véase lo que escribía un sacerdote, el padre Davry, en una revista francesa de enero de 1899: "Ha llegado la hora para el hombre moderno, después de haber sido el hombre pagano, y luego el hombre cristiano, de convertirse, con la ayuda de los dos, en el hombre eminentemente hombre [...], de inventarse una doctrina para él, extrayéndola con una mano del paganismo y con la otra del cristianismo [...] ¿No podría haber una peregrinación de sacerdotes que fueran a bautizarse como hombres, que fueran a sacudir las cadenas de un sistema odioso en que el vicario no piensa más que por el párroco, el párroco por el obispo, y el obispo por el gobierno? Entre nosotros, la jerarquía mata al individuo".

He ahí una exhortación al "humanismo" más craso y extremo. El hombre ha sido hecho para ser más que hombre, para "endiosarse", como decían atrevidamente los Padres griegos, no con orgullo prometeico pero sí con la ayuda de la gracia, merced a la cual, de "imágenes" que somos de Dios, pasemos a ser "semejanza" suya. Justamente el modernismo, cuando quiso exaltar al hombre acabó por degradarlo. Al querer poner la fe de acuerdo con el "pensamiento moderno", radicalmente prometeico, acabó por renunciar a la fe. Los que así pensaban habían creado lazos entre ellos, a veces por correspondencia epistolar. Era "un pequeño mundo", pero tremendamente compacto. En su opinión, "el mundo católico" y "el mundo moderno" eran algo así como dos sociedades mutuamente refractarias, que había que tratar de acercar para llegar a ponerlos de acuerdo; ello hacía necesario un replanteamiento de los estudios y métodos teológicos, única manera de poder ser entendidos por el pensamiento contemporáneo.

Dicha actitud, observa García de Haro, se vio favorecida por una admiración irrestricta en favor de la ciencia. La doctrina católica, en cambio, parecía carecer para no pocos de la seguridad que sólo aquélla podía ofrecer en base al rigor de sus afirmaciones. Como si la "certeza" de la ciencia fuese la única absoluta. Pero aquellos hombres querían seguir teniendo fe. ¿Cómo hacer para salvarla del naufragio? Sólo se les ocurrió un expediente: distinguir los dominios de la fe de los de la historia. Por ejemplo, si se quería seguir hablando de Cristo, hombre y Dios, se había de separar lo que llamarían "el Cristo de la historia" y "el Cristo de la fe". Sólo hay certeza de lo que nos dice la historia, la ciencia histórica. Otro tanto se diga de la institución por Cristo de los sacramentos: ello no ocurrió de hecho en la historia sino que fue algo "inventado" posteriormente por la fe. Ni es tampoco demostrable por la ciencia que Cristo haya resucitado históricamente, aunque así lo afirme la fe. Ésta puede ver en la Iglesia la prolongación de Jesús glorificado y atribuir, así, a Cristo la institución de la Iglesia y de los sacramentos, pero al historiador no le cabe hacerlo. Como escribe uno de los grandes modernistas, el padre Alfred Loisy: "Se comprueba sin dificultad en el Nuevo Testamento que la Iglesia no ha sido fundada y los sacramentos no han sido instituidos, propiamente hablando, sino por el Salvador glorificado. De lo cual se sigue que la institución de la Iglesia y de los sacramentos por Cristo es, como la glorificación de Jesús, un objeto de fe, no de demostración histórica". De ello se deduciría que las verdades dogmáticas dependen totalmente de la fe subjetiva. Esta es la que las "crea", con lo que Dios habría perdido la iniciativa en la historia, y la Revelación se disolvería en ella. Sólo así los modernistas estiman que las verdades cristianas pueden conservarse sin ofender a la razón. "Es un expediente ilógico –concluye García de Haro–: o se admite el valor histórico-real de los hechos que afirma la fe, o no cabe otra posibilidad que reconocer que la virginidad de María, la resurrección de Cristo, los sacramentos, etc., no son más que una piadosa leyenda".

En todo ello se advierte un grave trasvasamiento antropológico, un paso sacrílego de la teología a la antropología, del teocentrismo al antropocentrismo. El subjetivismo sentimental, que está en el corazón del modernismo, implicó un cambio de postura revolucionario en la doctrina católica, poniendo la raíz de todo no en Dios sino en el hombre, indebidamente exaltado.

Los grandes modernistas han insistido una y otra vez en "el valor humano del cristianismo"; nuestra religión, que se había olvidado del hombre, vuelve a encontrarlo; se muestra de nuevo "atenta a las exigencias del corazón humano", más aún, es "la única capaz de satisfacerlas". Pero bajo estas razones, aparentemente dignificantes para el hombre, se esconde el más encendido "naturalismo". En el fondo se trata de un sutil relanzamiento del viejo pelagianismo, en base a nuevos considerandos. Por lo demás, al afirmar tan singulares doctrinas, se autoconsideraban cristianos superiores, ya no ingenuos, como antes. Cuando leemos sus escritos pareciera que nos dicen: "yo no soy como los demás hombres", a semejanza del fariseo de la parábola. Se creían los más inteligentes, los más cultos, los más sutiles, los más francos, los más desinteresados, los más profundamente religiosos y evangélicos. Nunca encontraríamos pensamientos semejantes en un San Bernardo o un Santo Tomás.

Pues bien, a juicio de los modernistas, los católicos tradicionales no sólo estaban equivocados sino que no tenían chance alguna en el campo apostólico. Si se exponía la doctrina católica como se lo hacía habitualmente, o como la presentaba el Magisterio, sería inmediatamente rechazada. Al internarse, pues, en el campo de la "ciencia", buscando caminos practicables para penetrarlos de sentido cristiano, creían estar tomando la única actitud "apostólica" adecuada, la que contribuiría a corregir la exigua presencia de los católicos tradicionales en aquellas áreas. De hecho no fueron pocos los católicos que adhirieron al modernismo creyendo ver en él una nueva y original presentación del cristianismo, apta para rebatir las objeciones del mundo moderno, convencidos de poder transformar el mensaje cristiano dándole una expresión apropiada para que fuese bien recibido por el mundo contemporáneo. Sentíanse los modernistas algo así como los pioneros que necesitaba la Iglesia, los forjadores de una nueva era cristiana, los únicos que, apartándose de una masa todavía incapaz de entenderlos, arrojaban en el surco de la historia las semillas del porvenir. Por supuesto que preveían la resistencia de los católicos "tradicionales" e incluso del Magisterio eclesiástico, hasta de sus más altas instancias. No importaba. Eso les pasa a todos los pioneros, que suelen chocar con la rutina imperante. Su entusiasmo resultaba contagioso; lo que habían emprendido, si bien tenía algo de "locura", era la pasión de su vida y su misión histórica. Costara lo que costase había que dar al cristianismo una expresión nueva y moderna. Ellos tenían, afirma García de Haro, "la convicción de ser los llamados a crear ese lenguaje […], en la autoseguridad de poseer tal misión encima del juicio de las fórmulas de fe de siglos de la Iglesia".

Así nos lo confiesa Loisy, uno de sus principales referentes. A su juicio, un punto común unía a todos los grupos modernistas, a saber, "la necesidad de una reforma de la enseñanza católica", una reforma, así lo creían, en provecho de la Iglesia, una nueva apologética adecuada a la modernidad. Por eso, lejos de romper con el catolicismo, hacían profesión de hijos cabales de la Iglesia, los más sagaces, los que la tenían clara. Sabatier, por ejemplo, que era protestante, podía presentar el movimiento como "un renacimiento católico", un esfuerzo de los católicos para rejuvenecer a la Iglesia.

Algunos de ellos, más radicalizados, pensaban que el siglo XX parecía exigir "una nueva Reforma de la Iglesia". Frente al "culto del pasado" por parte de quienes llamaban "tradicionalistas", o "hiperconservadores", o también "integristas", esta minoría ardiente comulgaba en el sentimiento entusiasmante de estar regenerando a la Iglesia. Como nos lo confirma Émile Poulat, se presentaban al modo de una minoría fervorosa unida en el sentimiento, o el presentimiento, de un nacimiento misterioso que se estaba preparando, en gestación lenta y dolorosa; a pesar de todos los obstáculos con que se topaban, era la obra misma de Dios, según se vería cuando desapareciesen las nubes. No se trataba, por cierto, de una simple transformación social ni de una mera renovación intelectual, sino del advenimiento de una nueva edad de la humanidad, de un nuevo encuentro entre el mundo moderno y el cristianismo y entre el cristianismo y el mundo moderno.

En un libro aparecido en 1905, así se comentaba lo que alguien había señalado, es a saber, que mientras los fieles del África o del Asia se mantenían sin problemas en su fe, Europa la estaba perdiendo o la iba a perder. No hay que preocuparse, se decía, ya que "es posible asegurar, por lo que tenemos bajo los ojos, que el mundo, al civilizarse, pasará por la incredulidad, y de allí saldrá con una fe nueva, razonada, tanto cuanto puede serlo la creencia en dogmas superiores a la razón". Es cierto que no todos los adherentes al modernismo se mostraban tan optimistas. Así, por ejemplo, el rector del seminario de San Sulpicio de París, le escribía a M. Blondel en 1903: "¡Qué aguda parece la crisis y qué general! De arriba a abajo, es la misma cosa [...] Lo que se hunde no es la Iglesia de Francia, estoy convencido; ella tiene todavía elementos de vida demasiado enérgicos, sino una forma, una constitución eclesiástica, un pensamiento religioso [...] La Iglesia se rejuvenecerá, pero lo que sigue siendo espantoso es que estas épocas de crisis son épocas de herejía, de apostasía. ¡Cuánta fe necesitamos!". En sentido inverso a aquella euforia de los modernistas podemos leer en un periódico de 1904: "Ellos se dicen jóvenes [...] Hablan de tiempos nuevos como si fuesen profetas o precursores [...] El papa acaba de ponerlos en su lugar. *Luciferati*, ha dicho Su Santidad".

Pero el movimiento seguía adelante. En dos ocasiones se reunieron de 600 a 800 sacerdotes provenientes de toda Francia, en su mayoría del clero diocesano. Un cronista así reporta el ambiente general de ambas asambleas: "Todos piensan que hay que ser de su tiempo, amar a su tiempo, hablar el lenguaje de su tiempo, responder a sus aspiraciones, adaptar la acción a las necesidades nuevas, vivir la vida de sus contemporáneos".

De este modo se fue logrando gestar poco a poco una opinión pública cada vez más amplia. Maurice Talmeyr, en un magnífico libro suyo llamado *Comment on fabrique l´opinion*, decía que era posible "mediante una colaboración anónima, sin ruido, sin despertar sospecha, ni caer en responsabilidades, crear un estado de espíritu, fabricar la opinión". Era, en verdad, un método tan seductor como ventajoso: "Cuando unos hombres pertenecen ostensiblemente a una secta o a una escuela, cuando manifiestan que lo son, la opinión está prevenida contra su espíritu de cuerpo y se pone en guardia. Pero unos hombres a los que nada une en apariencia, que ni ellos mismos saben que lo están, y piensan y juzgan igual de todo, estos hombres realizan precisamente lo que se trata de realizar, un *consensus*, un *consensus* artificial, un *consensus* fabricado, pero que parece espontáneo, y que impresiona fuertemente". El modernismo, comenta Ploncard d´Assac, "no es solamente una herejía, es también un método de propagación de la herejía y esto es lo que le ha permitido progresar encubierto hasta el día en que explota el «consensus artificial», que da la impresión de una opinión general y espontánea".

Es cierto que, más allá de tales propósitos, el modernismo nunca dejó de ser un movimiento erudito, dedicado a reflexionar y a criticar, un movimiento principalmente de "clérigos", de "profesores", de "intelectuales", muy alejados de los grandes problemas económicos y políticos que aquejaban a la sociedad. Nunca se propusieron dirigirse a los ignorantes, a las masas, al número. Fue un movimiento "ilustrado" que afirmaba no querer inquietar a la gente sencilla, sino "a los que saben". Por ello el revuelo que provocó en aquellos a quienes se dirigía prevalentemente, no arrastró a la masa del pueblo fiel. Cuando Pío X condenara la herejía, quedarían aislados y desacreditados.

Un sector donde el movimiento encontró especial eco fue en los seminarios; allí echó raíces y se expandió clandestinamente. En 1901, el padre Maignen publicó varios artículos donde denunciaba una organización oculta "que abarcaba unos cincuenta seminarios [de Francia] y que afiliaba cerca de un millar de alumnos, con sus publicaciones, sus celadores y sus recursos propios". Además de las cartas que se entrecruzaban los seminaristas, se los incitaba a leer los periódicos modernistas. Monseñor Dubillard, obispo de Quimper, destacaba, ya entonces, "la analogía existente entre este trabajo subterráneo y los programas elaborados en las logias masónicas". Corrían hojas y folletos policopiados, exclusivos para seminaristas. Se guardó tan bien el secreto que jamás se pudo saber el nombre de los que circulaban en la diócesis de París. Cinco publicaciones diferentes eran difundidas en los seminarios: una, impresa en Lyon, llegaba a 18 seminarios; otra, redactada en Orleans e impresa en Lyon, abastecía a 10 seminarios; otra, en Auch, llegaba a 14 seminarios; la última, para el norte, abarcaba 5.

"Tengamos la franqueza de decirlo –escribía el padre Fontaine en 1908, poco después que el papa pronunció la condena final del modernismo–: el mal está en nuestras casas de formación sacerdotal […] Recordemos las «cadenas» y otras pequeñas publicaciones clandestinas que circulaban en los

Seminarios Mayores a espaldas de los superiores, hace algunos años. Se asegura que esto ha sido reemplazado por círculos de estudio más o menos ocultos en donde se debaten las cuestiones de moda. Allí se imparte una especie de enseñanza esotérica que recibe estímulos indirectos [...] Se proporciona a estos jóvenes revistas, periódicos y libros que corroboran sus más avanzadas opiniones. Se consideran como una élite intelectual que vive en una atmósfera superior, que no podrían frecuentar las vulgares mentes que los rodean. Se aprovechan las vacaciones para desarrollar estas nociones adquiridas clandestinamente y bien diferentes de sus manuales teológicos o escriturarios".

Pío X se preocupó de manera especial por la propaganda que el modernismo hacía en las filas de los que se formaban en los seminarios. En su encíclica *Pieni l´animo,* del 28 de julio de 1906, dice: "Y lo que es muy grave y propio para ganar nuevas adhesiones al naciente grupo de rebeldes es que, para tales doctrinas se hace una propaganda más o menos oculta entre los jóvenes que se preparan para el sacerdocio a la sombra de los seminarios".

Vayamos poniendo término a este apartado. El modernismo se nos ha ido mostrando como un movimiento que, bajo pretexto de modernización, llegó a minar los fundamentos objetivos del dogma católico. No fue, por cierto, una herejía de escuela, de la que tuvieran que ocuparse sólo los profesionales, afirma el padre Lebreton, sino "un cristianismo nuevo que arruina por la base la antigua construcción de la fe, y pretende reconstruirla en un nuevo plano". Sus propósitos implicaron un grave atentado a la sustancia de nuestra fe, al pretender quebrantar las nociones primordiales que constituyen su fundamento. Como observaría Pío X al comienzo de la *Pascendi*, "han aplicado la segur no a las ramas ni a los retoños, sino a la raíz misma, esto es, a la fe y a sus fibras más profundas". Sus principales errores versan sobre la manera misma de conocer a Dios, el concepto de la revelación, de la fe y del dogma, el valor de la Escritura, la tradición de la Iglesia en su origen y en su desarrollo. En lugar de la verdad objetiva, garantizada por la razón y la fe, todo es reducido al subjetivismo emocional, lo que entraña el evolucionismo indefinido de las fórmulas y de las ideas. Si las otras herejías interesaron tal o cual artículo del credo católico, el modernismo afecta al conjunto de la teología fundamental. Bien lo entendió en 1907 un protestante suizo, Théodore de la Rive, que se pasó al catolicismo, quien al querer describir a ese nuevo cristiano, lo calificó de "progresista, evolucionista y modernista", que practica "una religión edulcorada, disminuida, adaptada a la moda del día".

Volveremos sobre estos temas en las siguientes conferencias, ya sea cuando tratemos de la vida y el pensamiento de los más conspicuos modernistas, ya principalmente al exponer el contenido de la encíclica *Pascendi*.

III. Principales propulsores
del modernismo

El fenómeno modernista se propagó principalmente en cuatro países: Alemania, Inglaterra, Italia y Francia. En cada uno de ellos encontró una fisonomía particular. En Alemania se desarrolló aprovechando la corriente del liberalismo universitario y del reformismo católico, que en el siglo XIX tuvo gran influjo en la historia de dicho país. Allí se destacó una figura, la del barón Friedrich von Hügel (1852-1925). Su padre era austríaco y su madre escocesa. Dicho origen cosmopolita le permitiría llegar a ser una especie de intermediario entre la sociedad inglesa, alemana e italiana, pero su especial influjo lo ejerció en Inglaterra. Paul Sabatier, que era protestante, calificó a von Hügel de "obispo laico del modernismo". En Inglaterra se destacó el padre George Tyrrell (1861-1909) de quien luego hablaremos largamente, si bien es cierto que en aquella nación el modernismo fue visto siempre como un cuerpo extraño, e influyendo casi exclusivamente en los ambientes anglicanos. En Italia, el modernismo se enraizó en la poderosa tradición del *Risorgimento,* con especial énfasis en la acción social y la cultura religiosa. Allí se destacó el padre Romolo Murri (1870-1944), quien se sentía especialmente atraído por la acción política, entendiendo que la formación tradicional de los católicos parecía impedir dicha tarea. Había que liberarse de aquellas ataduras y de todo control jerárquico, retomando el espíritu del Evangelio. Se lo considera el iniciador de la democracia cristiana. Ulteriormente le fueron quitadas las licencias y luego excomulgado, tras lo cual obtuvo un escaño como diputado. Sus seguidores fueron viendo en la Iglesia más un factor de civilización que una institución sobrenatural de salvación. Pero quizás la figura más destacada del modernismo italiano fue la del padre Ernesto Buonaiuti (1881-1946), profesor de historia de la Iglesia en el seminario romano y también profesor en la universidad de Roma. Este sacerdote lideró la resistencia al antimodernismo, siendo objeto de dos excomuniones. Incluyamos también a Antonio Fogazzaro, que era laico, el cual aportaría al movimiento su prestigio en el ámbito literario.

Pronto se establecieron lazos estrechos entre los modernistas de estos tres países. Afinidades intelectuales, amistades personales, preocupaciones comunes, relaciones epistolares, viajes ocasionales, todo ello contribuyó a formar ese *petit monde*, sin organización vertical alguna ni dirección reconocida por todos.

Pero fue especialmente Francia el lugar donde el modernismo encontró su tierra de promisión. Allí surgieron varias revistas afectas a la nueva corriente, que ejercieron gran influencia. Entre ellas "Bulletin critique", "Revue biblique internationale", "Revue d'histoire et de littérature religieuse", "Bulletin de litterature ecclésiastique", "Revue du clergé français", etc. La lucha contra la Iglesia provino, así, de dos campos: desde afuera, la de quienes se inspiraban en la ideología de la Revolución francesa, y desde adentro, a través de los cultores del modernismo. Los nombres de éstos últimos son numerosos. Entre otros muchos, nombremos al padre oratoriano Lucien Laberthonnière (1860-1932), director de "Annales de philosophie chrétienne", donde se propiciaba la necesidad de separar el cristianismo del aristotelismo tomista y de entender las fórmulas dogmáticas como el resultado de una larga profundización histórica. En el periódico "Revue du Monde Catholique" escribiría: "La idea fundamental que, a pesar de todas las divergencias, se ha afirmado más enérgicamente que nunca en la filosofía moderna, a saber, que no hay verdad que el hombre tenga que soportar, porque esta verdad sería entonces para él una opresión en lugar de una dilatación del ánimo, la esclavitud en lugar de la libertad [...] Entonces, cuando los filósofos, para permanecer filósofos, para salvar la autonomía que constituye nuestra personalidad moral, reclaman una verdad que tenga por característica el ser «inmanente», es decir, que se relaciona con ellos, que pueden encontrar en ellos, en lo que son y en lo que deben ser, no podríamos hacer otra cosa que darles la razón, puesto que toda verdad que no tuviese este carácter sería inevitablemente opresora, al imponerse desde afuera".

Un pensador que tuvo ciertas concomitancias con el modernismo fue Maurice Blondel (1861-

1949), sobre todo a través de su obra *L'Action*, donde se advierte la tendencia que lo impulsa a sustituir lo que él consideraba "intelectualismo" por una doctrina que incorpore las aspiraciones del corazón y las actividades de la vida. Para ello reclamaba un método de inmanencia que, apoyándose en la psicología concreta de las almas, hiciese brotar la verdad de las necesidades del sujeto; cuando se trata de lo sobrenatural, en lugar de imponerlo desde afuera, se debía buscar sus raíces en las tendencias mismas de la naturaleza. Ello ofrecería una nueva base para restablecer sobre dicho fundamento las verdades esenciales de la religión y los dogmas del cristianismo. Propiciábase así una apologética peligrosa, proclive a afectar, por su metodología inmanentista, la intervención de lo sobrenatural. E incluso de lo racional. Según diría el mismo Loisy, ese Dios de Blondel "no es más que la sobrevivencia" en los espíritus ya "emancipados" por el inmanentismo, de un concepto privado ahora de sus puntos de apoyo, provisoriamente sostenido por el sentimiento.

Nos hemos referido, en un pantallazo, a algunos pensadores de las cuatro naciones donde afloró el fenómeno modernista. A todos los unía un designio común. Así decía de ellos el protestante Sabatier: "El modernismo no es ni un partido ni una escuela; es una orientación. Sería algo muy delicado indicar los signos característicos por los que se reconoce a sus adherentes. ¡Son tan distintos unos de otros! Junto al exégeta, el historiador y el sabio, se ve al puro y simple demócrata. Al lado del poeta está el humilde sacerdote obrero, junto al obispo se halla el simple seminarista. Y, no obstante, a pesar de todas estas diferencias de situación, de preocupaciones y de vocación, se reconocen entre sí. En ningún lugar hay listas hechas o alguna señal de adhesión; y, sin embargo, se adivinan y se acercan entre sí y forman un solo corazón y una sola alma."

García de Haro, en su *Historia teológica del modernismo*, destaca "el contraste de los personajes, tan diversos en su fe y conducta, que protagonizaron la crisis modernista: hombres que comulgaron en un mismo movimiento y vivieron intensamente preocupaciones de su tiempo, en parte con metas comunes, en parte contrarias; que se leyeron mutuamente con avidez, llegaron a establecer un vínculo de íntima amistad o ni siquiera se conocieron; entre quienes nacieron lazos de afecto y surgieron discusiones más o menos serias; algunos de los cuales terminaron fuera de la Iglesia, otros se sometieron. Y, en conjunto, tan diversos en su personalidad y en sus reacciones". En otro lugar agrega: "Parece legítimamente comprobado, tras contemplar con detalles cómo se desenvolvieron estos hombres, cuáles fueron sus vidas, sus palabras y sus escritos, que el modernismo no sólo fue un planteamiento de orden teorético, sino, a la vez y profundamente, una actitud vital: sentirse los profetas de una nueva era cristiana, sin posibilidad de «transacciones» con la Iglesia".

De entre tantos personajes vamos a limitar nuestras consideraciones a tres de ellos: un francés (Loisy), un inglés (Tyrrell), y un italiano (Fogazzaro).

1. *Alfred Loisy* (1857-1940)

Era Loisy hijo de padres humildes, campesinos en la zona del Marne. Siendo aún muy joven, entró en el seminario de Chalons, encontrando allí un gozo especial en la liturgia, particularmente por el canto gregoriano. No así, en cambio, en la formación doctrinal: "El primer contacto de mi pensamiento con la doctrina católica, fue algo íntimamente doloroso", a tal punto que el estudio de la doctrina se le hizo "tortura intelectual y moral". Le gustaba la fe pero en el plano estético, no en el doctrinal, mientras se sentía cada vez más connatural con el pensamiento moderno, lo que lo fue conduciendo a un paulatino alejamiento de la fe. La Eucaristía, la divinidad de Cristo, lo llenaban de emoción religiosa, pero la manera escolástica de proponer aquellas verdades le provocaba malestar. Más aún, "las especulaciones de Santo Tomás sobre la Trinidad, el misterio de un Dios único en naturaleza y triple en personas [...] me hicieron el efecto de una amplia logomaquia". Por lo demás la contraposición que creía advertir entre la fe y el pensamiento moderno lo hacía sufrir siempre más. Tal sería el punto de partida de lo que luego entendería ser su misión en la Iglesia, a saber, "adaptar la doctrina católica a las exigencias de la mentalidad contemporánea".

La situación anímica en que se encontraba lo impulsó a salir del seminario e ingresar en otro instituto eclesiástico, donde se inició en la lectura de autores liberales, como por ejemplo Lamennais. Tras terminar sus estudios de filosofía y teología, llegó el día de su ordenación sacerdotal. Tenía 22 años. La noche previa no la pasó bien, ya que lo acosaron dudas sobre la verdad del cristianismo. Dirigióse luego a París donde el padre Luis Duchesne lo invitó a ingresar en el Instituto Católico, creado poco tiempo atrás, donde se respiraba un ambiente favorable a la modernidad. Loisy se mostró allí un estudiante talentoso y un lector asiduo. Luego fue nombrado profesor de exégesis, siendo admirado sobre todo por su capacidad científica, sus conocimientos de filología semítica y la capacidad que tenía para exponer sus ideas. Por esa misma época, en el Collège de France, Renan llevaba adelante su trabajo demoledor de las Escrituras, tanto del Antiguo como del Nuevo Testamento. Duchesne le propuso a Loisy emprender la lectura de dicho escritor para luego refutarlo, pero ello le hizo mal, ya que sembró en su alma nuevas dudas, especialmente sobre los relatos evangélicos de la navidad y la resurrección, que le parecían incompatibles con la verdad histórica.

De este modo Loisy se fue acercando cada vez más a los autores modernistas, como Laberthonnière, von Hügel, y otros, mientras se iniciaba en el estudio de Kant, todo lo cual lo llevó a irse apartando paulatinamente de la fe tradicional, a la que ya empezaba a considerar como un óbice para el progreso intelectual. Ahora sus preferencias se inclinaban al relativismo y al simbolismo antirrealista en materia de verdad religiosa. Pronto se hizo conocer en Francia por sus ideas disolventes, lo que le valió ser expulsado en 1892 del Instituto Católico de París, por presión de los obispos de Francia, y recluido a la capellanía de un colegio femenino.

Al año siguiente apareció traducido en Francia un libro de Johannes Weiss, *La predicación de Jesús sobre el Reino de Dios*, que influyó mucho en Loisy. El autor alemán consideraba los Evangelios sólo desde un enfoque esjatológico. Tanto Jesús como sus contemporáneos, allí se decía, esperaban como inminente el fin del mundo, lo que no aconteció. En dicho libro se inspiraría Loisy para ocupar el tiempo en su retiro de cinco años, donde se dedicó a estudiar. Para él había ahora tres "presupuestos" fundamentales que le resultaban inaceptables. El primero era el postulado "teológico", según el cual Dios y la creación eran conceptos intangibles. Luego el postulado "mesiánico", de acuerdo al cual Cristo y la Iglesia habrían sido preanunciados en el Antiguo Testamento. Y finalmente el postulado "eclesiológico", por el cual la Iglesia, la jerarquía, los sacramentos y los dogmas provenían directamente de Cristo. La intención de Loisy era, según decía, ayudar para que la Iglesia escapase finalmente del callejón sin salida en que se encontraba, adaptándose a las leyes del desarrollo histórico. Justamente por aquellos años apareció una encíclica de León XIII, la *Providentissimus Deus*, sobre el estudio de la Sagrada Escritura.

Duchesne había deseado que Loisy emprendiese la lectura de Renan para poder refutarlo debidamente. Pero pronto advirtió sus malas disposiciones, por lo que rompió con él. Tras ello éste se acercó a la Escuela de Jerusalén, de mentalidad más "abierta", que dirigía el padre Lagrange. Años después confesaría que por aquella época ya había perdido la fe desde hacía tiempo. Pronto se apartó también de Lagrange, considerándose libre para estudiar la Biblia "sin prejuicios", según las investigaciones científicas, históricas y arqueológicas. Comenzó, entonces, a ser atacado, entre otros, por el arzobispo de París, el cardenal François Richard, mientras otros obispos lo alentaban a seguir adelante. Estamos en el año 1900, justamente el año en que Adolf von Harnack, pensador protestante, hizo público un libro que sería famoso, *Das Wesen des Christentum*, La esencia del cristianismo. El autor alemán, tras congratularse con Lutero porque supo poner las bases del movimiento de emancipación, le reprochaba el haberse detenido a mitad de camino, sin poder acabar con los dogmas y los ritos para volver a encontrar así, en su sencillez primitiva, la auténtica palabra de Jesús.

Para ello se hacía necesario despojar la esencia del cristianismo de su viejo ropaje. Y así el historiador protestante comenzó por oponer el Evangelio a las diversas formas de cristianismo histórico.

Era todavía demasiado fuerte para Loisy, por lo que se dispuso a rebatirlo. Pero en su refutación, contenida en el libro *L´Évangile et l´Église*, se deja traslucir su peculiar concepción del cristianismo. Lo que los Evangelios nos cuentan es la historia de un hombre llamado Jesús, afirma, que en los últimos años de su vida predicó la inminencia del Reino que esperaba Israel y la penitencia como condición imprescindible para ingresar en él. Conquistado para esa esperanza al escuchar a San Juan Bautista, Jesús creyó que él mismo era el Mesías esperado, que presidiría esa obra en su próximo retorno glorioso. Tal parusía sería inminente, por lo que mal podía pensar en fundar una Iglesia. Sin embargo prometió a sus discípulos que se sentarían en doce tronos para juzgar a las doce tribus de Israel. Con esta intención, probó dar un golpe de Estado en Jerusalén, pero los insurrectos fueron condenados por el crimen de alta traición, ya que Jesús se había declarado rey de los judíos. Por eso lo ejecutaron. Su cuerpo fue sepultado en una fosa común, sin que nunca se lo volviera a encontrar. Esto es, a grandes rasgos, lo que nos cuenta la historia evangélica sobre la vida de Jesús, expurgada ya de todos los añadidos legendarios.

Tras la muerte del Señor, prosigue Loisy, todo cambia. Había llegado la hora de la fe, de la leyenda, de la Iglesia. Cristo ya no existe, sólo que "para los simples" entró en su gloria, se convirtió en Señor y vive en la inmortalidad. Aceptar tales cosas es un puro acto de fe. Y así dirá en un libro ulterior, *Choses passées:* "Mi argumentación contra Harnack implicaba una crítica de las fuentes evangélicas, más radical en varios puntos que la del teólogo protestante y, por otro lado, mi defensa de la Iglesia romana [...] implicaba asimismo el abandono de las tesis absolutas que profesa la teología escolástica respecto de la institución formal de la Iglesia y de sus sacramentos por Cristo, la inmutabilidad de los dogmas y la naturaleza de la autoridad eclesiástica [...]; insinué, discreta pero realmente, una reforma esencial de la exégesis bíblica, de toda la teología y aun del catolicismo en general".

El nuevo libro suscitó numerosas críticas. Al año siguiente publicó una obra complementaria, *Autour d´un petit livre,* más disolvente aún que el anterior. Allí reitera que, dado que Jesús no caminó sobre la tierra con el aparato de su divinidad, lo único que aparece en los Evangelios y en los Hechos de los Apóstoles es la historia de un hombre que pasó haciendo el bien. "Sus discursos, su conducta, la actitud de sus discípulos y de sus enemigos, todo demuestra que Cristo fue hombre entre los hombres [...], en todo semejante a ellos salvo en el pecado, y salvo, también, el misterio íntimo e indefinible de su relación con Dios". La interpretación de esa misteriosa relación como si significara que Cristo era Dios es obra posterior de la fe que tuvo la primitiva comunidad cristiana; "ningún principio de la teología, ninguna definición de la Iglesia obliga a admitir que Jesús haya hecho una declaración formal de su divinidad a los discípulos antes de su muerte". No podemos, pues, afirmar que Cristo sea Dios por pruebas históricas, sino sólo por la fe; lo que sí puede ser historia comprobable es que fue quien mejor experimentó el sentimiento religioso de la humanidad.

El libro se presenta en forma de sucesivas cartas. La distinción que en una de ellas establece entre la realidad histórica y la interpretación de la fe pasaría a constituir una pieza capital de su pensamiento. La revelación "no ha podido ser otra cosa que la conciencia adquirida por el hombre de su relación con Dios", y los dogmas, que son su traducción posterior, no deben ser considerados sino como "símbolos imperfectos". De una manera más discreta pero no carente de intencionalidad, Loisy apuntaba igualmente a la necesidad de una reforma en la conducción de la Iglesia. Siendo la autoridad un servicio, había de tener en cuenta los derechos de los individuos, por lo que Roma "debería atenuar las formas casi despóticas de que su gobierno se había rodeado". Como en el libro anterior, el autor no cesaba de afirmar su lealtad católica, y su intención de armonizar la doctrina de la Iglesia con los resultados de la ciencia y las aspiraciones generales del tiempo presente. En ninguna parte el modernismo encontró una expresión tan completa y tan fiel.

Más tarde Loisy afirmaría en varias ocasiones que mucho antes de publicar *L´Évangile et l´Église*, había perdido la fe en la divinidad de Cristo e incluso en la existencia de un Dios personal, pero que prefirió ocultar su verdadera convicción con la esperanza de poder llevar a cabo desde dentro, con más garantía de éxito, una auténtica reforma eclesiástica. Tenía bien en claro que la Iglesia, los sacramentos y los dogmas no eran sino el fruto de la evolución del pensamiento religioso en la conciencia humana o, dicho de otro modo, de la evolución que la fe trajo consigo. Así lo afirmaría en sus *Mémoires*: "Históricamente hablando no admito que Cristo haya fundado la Iglesia ni los sacramentos; los dogmas, por lo demás, se han ido formando gradualmente y no son inmutables". ¿Hay que entender por ello que los sacramentos nada valen? De ningún modo. Aunque no hayan sido instituidos por Cristo, son "signos", "modos de decir", no carentes de una real fuerza sobre la conducta, aptos para estimular el sentimiento religioso. A veces decía de ellos que eran "símbolos", pero no del modo como en su momento lo habían afirmado algunos Padres de la Iglesia, entendiendo por ello que eran inefables, siempre abiertos a sucesivas profundizaciones, sino en el sentido de metáforas, puras figuras de realidades trascendentes.

En una palabra, Cristo no vino a traer una religión nueva sino sólo a invitar a la penitencia, más aún, a la renuncia total, dada la cercanía de la catástrofe que cerraría la historia. "Jesús anunció el reino —afirma, no sin cierto humor—, y lo que vino fue la Iglesia". Pues bien, dicha Iglesia no haría sino adaptar la noción de reino a las condiciones cambiantes de los tiempos y de los lugares. De esta adaptación vital procederían las fórmulas sucesivas de sus dogmas, así como el desenvolvimiento progresivamente centralizador de sus instituciones jerárquicas y el desarrollo de los ritos sacramentales. Todo ello no tendía sino a hacer vivir la fe primitiva "según lo que exigían las circunstancias". La experiencia del pasado muestra que hay que poner la esencia del cristianismo en el devenir y no en la permanencia, única manera de esperar nuevos desarrollos. Del hecho de que los dogmas tengan relación con el tiempo y el ambiente en que fueron proclamados se sigue que no excluyen cambios en el curso de la historia. Al fin y al cabo también ellos no eran sino "símbolos".

El 17 de enero de 1903, *L´Évangile et l´Église* fue condenado por el cardenal Richard y otros ocho obispos. En el mismo año, un decreto del Santo Oficio ponía en el Índice las últimas obras de Loisy. El cardenal Rafael Merry del Val, secretario de Estado de Pío X, denunciaba en ellas "errores muy graves" que se referían "principalmente a la revelación primitiva, la autenticidad de los hechos y enseñanzas evangélicas, la divinidad y la ciencia de Cristo, la resurrección, la institución divina de la Iglesia, los sacramentos".

La polémica comenzó a generalizarse, encontrando su climax entre los años 1902, en que Loisy publicó *L´Évangile et l´Église*, y 1907, en que apareció la encíclica *Pascendi*. Durante ese lustro las controversias se radicalizaron. Todo lo demás no fue sino preparación o secuela. En 1907 se dio a conocer el decreto *Lamentabili*, un nuevo *Syllabus* donde se condenaban 65 proposiciones; dos tercios de ellas estaban tomadas de las obras de Loisy. Dos meses más tarde se hizo pública la *Pascendi*, que incluye el conjunto de los errores modernistas. En 1908 Loisy fue excomulgado.

Como lo hemos señalado anteriormente, las vacilaciones doctrinales de Loisy habían comenzado durante su juventud. En una obra suya autobiográfica de 1913 escribe: "Ya en el seminario la doctrina que se le enseñaba como expresando la revelación divina le parecía infinitamente dolorosa". Fueron, dice, "cuatro años de tortura intelectual y moral que aún ahora me pregunto cómo no morí". Allí leemos asimismo: "Desde que empecé a estudiar directamente la teología, una insuperable inquietud se fue apoderando progresivamente de mi espíritu y de mi conciencia ante la exposición de las doctrinas católicas, ante la teología dogmática y moral de la Iglesia romana. Ya he dicho cómo también el estudio de la *Summa Theologica* aumentó dicho malestar en lugar de calmarlo". No fue, por cierto, un malestar pasajero: "La crisis interior que atravesé durante los años 1875-1879 se prolongó con peripecias diversas, hasta largo tiempo después de mi ordenación sacerdotal, y se puede decir que no llegó a su término definitivo hasta 1908".

Confiesa igualmente que cuando, cursando las materias exegéticas, leyó los relatos de los Evangelios entendió que esos libros debían ser debidamente interpretados. "Lo que se hundía dentro de mí era la noción teológica de la inspiración de las Escrituras. Los libros sagrados eran, pues, unos libros escritos como todos los demás e incluso con menos exactitud y cuidado que muchos otros. Si el Espíritu Santo había intervenido en ellos, no había sido, ciertamente, para hacer de ellos unas fuentes históricas de primer orden". Eran, por consiguiente, libros "humanos", no ya libros inspirados. Como bien señala Tresmontant, lo que Loisy parece entender por inspiración tiene resabios de la vieja herejía monofisita, según la cual la Biblia era un libro "completamente divino", como si Dios lo hubiese dictado "palabra por palabra". De hecho nadie sostuvo jamás semejante cosa. Lo mismo afirmaba el escritor francés cuando se trataba del Nuevo Testamento. En resumen, decía, "la idea de un Dios autor de libros, si alguna vez ha existido, es completamente mítica y pertenece a una mitología mágica". Según él, una obra puede ser humana o divina, pero no puede ser a la vez causada por el hombre y por Dios. Si es del hombre no es de Dios. Y si es de Dios no es del hombre.

El 10 de mayo de 1904 escribió en su *Journal intime* esta página:

> Como símbolo, la creación es un infantilismo.
>
> ¿Ha resucitado?
>
> ¿Ha descendido a los infiernos?
>
> ¿Ha ascendido al cielo?
>
> ¿Vendrá a juzgar a los vivos y a los muertos?
>
> ¿Está la Iglesia católica asistida visiblemente por el Espíritu Santo?
>
> ¿Qué significa la resurrección de los muertos?
>
> Me parece muy claro que, si creo en algo, no creo ciertamente en lo que la Iglesia enseña, y que la Iglesia no está dispuesta a enseñar lo que yo creo.
>
> ¿Puedo permanecer honestamente en ella? […] El catolicismo liberal, concebido como una religión de la humanidad, sin despotismo moral ni infalibilidad teológica, podría ser la verdadera religión; pero el catolicismo no es eso. Pío X, que es el jefe de la Iglesia católica, me excomulgaría resueltamente si supiera que considero la creación como un mero símbolo metafísico, la concepción virginal y la resurrección [de Cristo] como meros símbolos morales, y todo el sistema católico como una tiranía que se ejerce en nombre de Dios y de Cristo contra el mismo Dios y contra el Evangelio.

¡Cosa curiosa! Se sabe que en estos años no vaciló en gestionarse como posible obispo, asegurando que en el caso de ser nombrado cambiaría su modo de ser y de escribir. ¡Era lo que faltaba! ¡Gracias a Dios que nos salvamos de un monseñor

Loisy! Años después, en 1913, escribiría: "Hubiese tenido que pedir a la Iglesia que dejara de enseñar que Dios creó el mundo hace varios miles de años, que Cristo es Dios y que ella misma es infalible, y que me contentara, en adelante, con hacer valer el elevado ideal de justicia y de bondad que es el verdadero espíritu de su tradición. El papa y sus obispos me hubiesen respondido: *Non possumus*. Y, en efecto, no podían hacerlo".

También por su *Journal intime* sabemos que "no creía en la divinidad de Jesús". En *L´Évangile et l´Église* se había abstenido de confesarlo en público. El Jesús de Loisy quedaba reducido a su naturaleza humana y su divinidad a un suplemento postizo, impuesto a los fieles sólo por la "fe". Teníamos, por una parte, al Jesús de la historia, que era el que conocía el científico a través de los documentos, y por otra el Jesús de la fe y de la Iglesia. Entre ambos no había vasos comunicantes. A su juicio, no se podía pasar de la comprensión del dato histórico, que se impone al historiador, o, en otras palabras, del dato empírico, que es objeto de la ciencia, a lo que la fe afirmaba contenerse en ese dato, a saber, que Jesús era Dios, Dios que había venido a nosotros, asumiendo la naturaleza humana. La humanidad de Jesús, el hombre Jesús, Jesús considerado como hombre, todo eso era objeto de ciencia. Pero la divinidad de Jesús no era sino un acto de fe, no de inteligencia, sin fundamento en la experiencia concreta. Se daba, pues, un perfecto divorcio entre el orden de la ciencia y el orden de la fe.

En su opinión, la ortodoxia era un mito. No se podía hablar de una doctrina inmutable. Fue esa una idea que sostuvo a lo largo del tiempo. Ya en diciembre de 1898, en un artículo publicado en "Revue du Clergé français" escribía:

> Es fácil de comprender que el cristianismo debía tener un desarrollo [...] porque era una religión universal que no podía dejar de transformarse, de enriquecerse y de agrandarse por efecto de sus relaciones con el mundo en que estaba llamada a vivir. Era imposible, incluso en los puntos de doctrina más importantes, atarse a la letra de la Escritura sin caer en un vano culto de fórmulas [...] La revelación acusa en la misma Escritura un desarrollo progresivo y no se ve por qué el desarrollo se pararía en seco a la muerte del último apóstol. La idea de una doctrina absolutamente perfecta desde el comienzo y que no tuviese nada que ganar por las investigaciones, las aplicaciones, las experiencias posteriores, es inconcebible y absurda [...] El poder de asimilación [...] asegura a la Iglesia su forma de desarrollo legítimo, lo que ya antes había realizado la herejía de manera incompleta e irregular. Así vemos a los montanistas preludiar el ascetismo religioso, a los gnósticos la teología cristiana, a los sabelianos la concepción trinitaria de San Agustín.

En 1908 se mantenía en dicha tesitura, según se advierte por lo que escribió en "Revue du Monde Catholique":

> Cuando el padre Laberthonnière afirmaba que la idea fundamental que, a pesar de todas las divergencias, se ha afirmado más enérgicamente que nunca en

la filosofía moderna, a saber, que no hay verdad que el hombre tenga que soportar, porque esta verdad sería entonces para él una opresión en lugar de una dilatación del ánimo, la esclavitud en lugar de la libertad, la muerte en lugar de la vida, esta idea la aceptamos con pleno conocimiento de causa […] Entonces, cuando los filósofos, para permanecer filósofos, para salvar la autonomía que constituye nuestra personalidad moral, reclaman una verdad que tenga por característica el ser "inmanente", es decir, que se relaciona con ellos, que pueden encontrar en ellos […] no podríamos hacer otra cosa que darles la razón, puesto que toda verdad que no tuviese este carácter sería inevitablemente opresora, al imponerse desde fuera.

En sus *Mémoires* su testimonio es categórico: "El modernismo no tenía ya necesidad de oponer una doctrina contra otra doctrina cuanto de fundar una Iglesia nueva frente a la Iglesia antigua. No tendía a imponerle un símbolo nuevo sino inducirla a relajarse de su actitud intransigente". Loisy trató de fundar su posición en la misma Sagrada Escritura. "La Biblia ha sido –dijo en cierta ocasión– la causa primera y principal de mi evolución intelectual; es por haberla leído seriamente que me he vuelto crítico". Así lo ha confirmado el padre Lagrange según el cual fue en la Biblia, y especialmente en los Evangelios, de donde sacó Loisy sus argumentos para combatir lo que gustaba llamar "la teología", pero que era en realidad "la fe de la Iglesia". Si la Iglesia quería vivir, debía transformarse, como todo ser vivo. Gustosamente habría hecho suyo lo que sostenía Renan: "El hereje de hoy es el ortodoxo del futuro".

En verdad, Loisy había perdido la fe. Porque la revelación no es tal si está sujeta a cambios esenciales. Si la Iglesia los adoptase, ya no sería la misma Iglesia. El racionalismo era más lógico al negar abiertamente la revelación. En carta a N. Hébert, de febrero de 1905, Loisy le confesaba: "Desde que escribo, me he esforzado por hacer prevalecer la idea del «desarrollo», que implica la «relatividad» de las fórmulas dogmáticas y, en la misma medida, la de la autoridad eclesiástica". Acierta realmente Lagrange cuando afirma que no siendo Loisy ya creyente y estando apartado de la Iglesia, lanzaba contra el dogma y contra la Iglesia un ataque tanto más peligroso cuanto que lo presentaba como una apología. "No hay que apurarse, decía, no hay que gritar reforma, no hay que asustar a los que gobiernan". Su "fingimiento" no era el de un simulador vulgar sino que estaba hábilmente calculado para que la Iglesia cambiase todo el espíritu de su enseñanza "siempre antigua y siempre nueva".

García de Haro ha presentado de manera acertada los últimos pasos de su proceso cronológico de apostasía. Cuando en 1903 pusieron varias de sus obras en el Índice, afirmó que se sometía pero declarando abiertamente que dicha sumisión no podía ligar ni su conciencia ni su pensamiento. "Mi adhesión a la sentencia –le escribe al cardenal Merry del Val– es de orden puramente disciplinar". Se inclinaba ante el dictamen, sí, pero agregando que lo hacía "sin abandonar ni retractar las opiniones que he emitido en condición de historiador y de exégeta crítico". Desde entonces se limitó a esperar la excomunión. El 7 de junio de 1904 escribe en su diario: "Logomaquia metafísica aparte, no creo más en la divinidad de Jesús que Harnack o Jean Réville, y miro la encarnación personal de Dios como un mito filosófico. Cristo tiene menos lugar en mi religión que en la de los protestantes liberales, porque yo no doy tanta importancia como ellos a esta revelación de Dios Padre, de la que hacen honor a Jesús. Si yo soy algo en religión es más bien panteo-positivo-humanitario que cristiano". El 27 de noviembre de 1905 anotó en su diario: "No creo que deba romper por mí mismo el lazo que me une a la Iglesia, pero si la Iglesia lo destruye seré feliz". El decreto de excomunión se hizo público el 7 de marzo de 1908. A esa "excomunión liberadora" sólo le encontraría un defecto: "llegaba con veinte años de atraso". Con motivo de la *Pascendi* había escrito: "Pío X atacó el conjunto del movimiento de los modernistas y sus principales jefes, entre los cuales me ha hecho siempre el honor de contarme".

Figura tan notable como terrible la de Loisy, inseparable de las ideas que proclamó, de los conflictos que suscitó. "¡Qué no hubiera hecho por la Iglesia si le hubiera permanecido fiel!", exclamaba el padre Lagrange.

Vayamos cerrando esta semblanza. Antes de ponerle fin nos detendremos un tanto en su importante libro *Choses passées*, un relato apasionante de su vida, publicado en 1913, que leímos con verdadera avidez. Transcribiremos algunos reveladores textos del mismo porque en ellos veremos puntualmente condensado lo dicho hasta acá.

Haciendo una especie de resumen de su proceso espiritual cuenta así lo que le pasaba hacia 1892:

> Yo estaba lejos de haber perdido toda fe moral. Lo que acababa de perder era el entusiasmo que me había sostenido a través de muchas dificultades desde el día de mi entrada al seminario [...] Había podido durante algunos años estar medio enceguecido sobre mi propio estado de espíritu, sobre el alcance de las conclusiones esenciales de la crítica bíblica, sobre los medios de conciliarlas con los dogmas tradicionales sin abandonar sus sustancias. Ahora no podía disimularme que la posición no era lo que había imaginado, que yo estaba fuera de la corriente del pensamiento católico; que si quería interpretar los dogmas según la ciencia y el espíritu moderno, una explicación más o menos amplia y nueva no era suficiente; dogmas tales como la encarnación virginal de Cristo o su resurrección se desvanecían con la realidad de su objeto; era indispensable una refundición de todo el sistema católico [...] Personas muy lógicas se preguntarán por qué no solamente la idea sino la obligación de abandonar la Iglesia no se presentaron entonces a mi espíritu. La idea no podía dejar de presentárseme, pero pensé que era mi obligación permanecer en la Iglesia. La única razón fue que yo permanecía ligado a ella desde el fondo de mi alma [...] Casi a mi pesar traté de intentar lo imposible, y fue preciso que la Iglesia me enseñase, por golpes violentos y repetidos, que un sacerdote no tiene derecho a ser católico a

medias, que su pensamiento no le pertenece más que su voluntad, que el catolicismo romano entiende dominar la sociedad moderna y no adaptarse a ella; finalmente, como le escribía el cardenal Merry del Val al obispo de Langres, en enero de 1908, que mi "permanencia en la Iglesia" era un "escándalo" que no se podía soportar.

En 1904 pusieron en el Índice cinco de sus libros. Poco después, nos relata, recibió una carta del mismo cardenal Merry del Val.

Esta carta era extremadamente violenta; exigía la retractación inmediata, sin ninguna reserva, de los cinco volúmenes condenados y de su contenido; sin ello el Santo Oficio procedería contra mí "ad ulteriora", es decir, que yo sería excomulgado.

Él entendió, agrega, que la excomunión se hacía inevitable.

Estaba verdaderamente en mi poder admitir, en base a la fe de Pío X y del cardenal Richard, que los relatos del Génesis, el paraíso terrenal y el diluvio eran históricos, que los relatos evangélicos eran completamente históricos, que los de la resurrección de Cristo eran concordantes y demostrativos, que la Iglesia cristiana, el dogma de la divinidad de Cristo, los sacramentos se remontaban hasta el Evangelio de Jesús.

¿Por qué no se fue entonces de la Iglesia? Páginas más adelante insinúa su respuesta:

Permanezco en la Iglesia para no turbar a algunas almas, pero turbo mucho la mía. Si creo en algo, no creo en lo que la Iglesia enseña, y la Iglesia no está dispuesta a enseñar lo que yo creo. ¿Puedo honestamente permanecer allí?

Pronto daría el paso, y de modo irrevocable:

> Si yo me encontraba fuera de la Iglesia no sería para desempeñar el papel de doctor incomprendido, esperando que la puerta se reabriese para volver a entrar en el rebaño. Viviré como doctor laico, interesado en las cosas morales, y así moriré. No me veo reconciliado "in extremis" por una confesión de fe explícita en la concepción virginal y en la resurrección corporal de Cristo, en el valor absoluto de los dogmas, en el poder despótico del papa sobre las inteligencias y las voluntades [...] No experimento la necesidad de someterme ciegamente a esos órganos del Espíritu Santo que se llaman Pío X y François Richard. Me siento en comunión suficiente con la humanidad inteligente y moral de nuestro tiempo para no buscar otro apoyo. No me aprovechará en nada creer firmemente que Cristo descendió a los infiernos y que subió a los cielos. No encontraré siquiera ninguna ventaja espiritual en pensar que hay realmente tres personas en Dios, o en tratarlo como a una persona [...] La vida del hombre es un fenómeno, como la vida de una planta. Decir que un hombre es inmortal equivale a decir que este fenómeno dura aún después que ha dejado de ser.

Según se ve, todo lo puso en duda, no sólo algunas verdades naturales sino las verdades sobrenaturales en su conjunto. La apostasía era total. En este tan conmovedor como trágico libro de memorias a que estamos aludiendo, señala asimismo cómo buscó conectar el tema de su apostasía con los movimientos político-religiosos de su tiempo.

> Yo seguía con el más vivo interés los debates legislativos sobre la separación de las Iglesias y del Estado, las medidas tomadas para la aplicación de la ley, la oposición que a ello hacían Pío X y el episcopado. La

actitud impuesta por el papa a nuestro desgraciado clero me rebelaba interiormente; cuando advertí que todos los esfuerzos de la política romana no tendían sino a crear en nosotros una agitación que podía degenerar en guerra civil, y no en el interés verdadero de la fe católica en Francia, sino para salvar el miserable prestigio político del pontificado romano, entonces, lo confieso, desesperé del futuro del catolicismo en nuestro país, y me sentí feliz de no ser ya romano, para ser aún, y más aún, completamente francés [...] Publiqué entonces artículos anónimos, todos breves, contra los manifiestos clericales [...] Va sin decir que no firmaba mis artículos [...] El primero incluye "Reflexiones" sobre la carta que los cinco cardenales franceses, ciertamente que por orden del papa, dirigieron, el 28 de marzo de 1905, al presidente de la República, contra el proyecto de ley [...] He aquí mi conclusión: "Nada puede mostrar mejor que esta carta la necesidad de la separación y las precauciones que el legislador debe tomar para que la Iglesia no abuse inmediatamente contra el poder político y contra el país mismo, de la libertad que la ley va a darle. Toda la táctica de la Iglesia romana se esconde en esta frase: «El proyecto de separación conduce necesariamente a la persecución religiosa y no es la expresión de la voluntad del país». Cuando la Iglesia entienda que no podrá dominar, dirá que no es libre. Negándose a colocarse en el terreno legal, obligará al poder civil a reprimir los actos de insubordinación que, en razón misma de dicha actitud, se producirán de parte de los católicos, y entonces se dirá perseguida [...]" El futuro de Francia es el precio de una lucha en que la victoria será para la sociedad laica, para el poder secular, con la condición de que el poder legislativo y el gobierno se muestren al mismo tiempo fuertes y moderados, adversarios resueltos de la dominación clerical y exentos de fanatismo antirreligioso, capaces de crear una ley de libertad y de justicia, y de hacerla respetar. Darán así un gran ejemplo a la civilización europea.

Poco más adelante Loisy se refiere a la encíclica *Gravissimo oficii*, del 10 de agosto de 1906, en que Pío X condenaba las aociaciones de culto que la ley de la República francesa pretendía imponer:

> El papa se atribuye el derecho de juzgar, de condenar y de desacatar las leyes promulgadas por el poder político [...] El papa Pío X se arroga la misma autoridad sobre los poderes de este mundo que los Gregorio VII, los Inocencio III, los Bonifacio VIII [...] Pío X se nos muestra, pues, como un contemporáneo de San Luis que hubiera prolongado sus días hasta nuestra época, y a quien la historia de seis siglos no habría enseñado nada. El papa no comprende que ha dejado de ser el tutor de los pueblos y de los reyes; que la constitución de los estados modernos no deja lugar alguno a la intervención de su autoridad en los asuntos políticos.

Y así relata la condenación que le llegó de Roma: "El cardenal Merry del Val, en nombre del papa, le había encargado al obispo en cuya diócesis yo residía, que me pidiera una adhesión plena y entera a las condenaciones lanzadas contra el modernismo: «El padre Loisy deberá declarar que condena sin ninguna restricción todas y cada una de las proposiciones condenadas por el decreto *Lamentabili*, confirmadas por el motu proprio *Praestantia*, como las condena la santa Iglesia, y que él condena al modernismo como lo ha condenado el Santo Padre en la encíclica *Pascendi* [...] Dios quiera que M. Loisy corresponda a esta última llamada de la gracia …»". Lo que así comenta: "Mi espíritu sería tan incapaz de vivir en la atmósfera intelectual del decreto *Lamentabili* y de la encíclica *Pascendi*, como mis pulmones serían incapaces de respirar en el fondo del mar". Más adelante compara su actitud con la del padre Tyrrell, de quien hablaremos enseguida. Por el hecho de que él, escribe, en comparación con la reacción vehemente de Tyrrell frente a los actos de Pío X, se había mostrado relativamente moderado, algunos han especulado sobre posibles cambios en sus sentimientos. No es así. "Si Tyrrel se sublevaba contra la Iglesia romana, es porque él estaba todavía apasionado por los intereses de la religión católica; y si yo no me enfurecía como él, es porque los asuntos de la Iglesia ya no me tocaban".

El 22 de febrero de 1908 recibió una intimación de Roma. Merry del Val, por su parte, le había escrito el 19 al obispo de Langres: "El Santo Padre acaba de dar prueba de la más grande longanimidad frente al padre Alfred Loisy. Por ver si es posible salvar un alma, me encarga que ruegue a Vuestra Grandeza enviar a M. Loisy una nueva y última admonición, formal y perentoria, en el sentido de la precedente. Al mismo tiempo Ud. prevendrá explícitamente a M. Loisy que si él no pone su sumisión en manos de Vuestra Grandeza en el lapso de diez días a contar desde el día en que reciba su admonición, la Santa Sede procederá sin otro aviso a su excomunión nominativa". Al no querer someterse, la sentencia de excomunión quedó decretada por el Santo Oficio. "Mi primera impresión –confiesa–, que aún no se ha borrado, fue la de un infinito alivio [...] Yo no esperaba ya nada de la vida, y la excomunión no me ofrecía ninguna esperanza. Ella me aseguraba, por cierto, o al menos parecía asegurarme, un fin tranquilo. Mi paz interior era total".

¡Pobre Loisy! En este último libro suyo, admirablemente escrito en forma de diario, se revela de manera palmaria el estado de su alma, así como las vicisitudes de su vida. Es la historia de una apostasía.

2. *George Tyrrell* (1861-1909)

Según lo señalamos páginas atrás, hubo ciertos focos de modernismo en Inglaterra. Es cierto que en aquella isla brilló un referente de indiscutible venerabilidad, que constituiría una suerte de contrapeso o, mejor, de obstáculo a las aspiraciones de esa tendencia. Nos referimos al cardenal Newman. Ningún católico de su generación pareció más sensible que él a los problemas que se planteaban durante su época en el campo religioso. Si bien la influencia que ejerció no fue muy evidente en los primeros años que siguieron a su muerte, se hizo considerable a comienzos del siglo XX. La doctrina por él sustentada sobre el desarrollo de los dogmas, así como la preponderancia que atribuía a la intuición y a la experiencia sobre el razonamiento calaron hondo en sus seguidores. Sin embargo el ilustre cardenal supo equilibrar ese parecer con la adhesión más decidida a la Iglesia y a sus dogmas. Con todo, en personas menos mesuradas, pudo influir negativamente, en pro de tendencias proclives al individualismo o a cierto inmanentismo de impostación mística.

Así aconteció con el padre George Tyrrell, uno de los pocos modernistas que surgieron en Inglaterra. Si bien dependió más de influencias francesas, fue iniciado en el modernismo por el barón Friedrich von Hügel, nacido en Florencia, pero hijo de un diplomático austríaco de la nobleza, y de madre escocesa, quien pronto se naturalizó inglés, escribiendo diversas obras y artículos que aparecerían en revistas francesas, inglesas e italianas. Tyrrell había nacido en Dublin, de padres protestantes, quienes lo educaron en el más estricto anglicanismo. A los dieciseis años se volvió escéptico, pero luego, sintiéndose incómodo en dicha posición, comenzó a cuestionarse: "Dios mío (si es que hay un Dios), salva mi alma (si es que tengo alma)", se decía. Poco después entró en contacto con la Iglesia católica, se incorporó a ella, y comenzó a leer con avidez. Tras hacer ejercicios espirituales con los padres de la Compañía de Jesús, entró a los 17 años en la Orden de San Ignacio. En 1891 se ordenó de sacerdote, y comenzó a aplicarse con fervor, mediante la predicación y la enseñanza, a la defensa de la causa católica, especialmente enfrentando los errores del racionalismo y del protestantismo liberal, entonces en boga. Luego se dedicó a predicar retiros y a dirigir espiritualmente a los que se le acercaban en busca de orientación. Sin embargo poco a poco se fue enfriando el celo que hasta entonces lo había caracterizado. A ello lo inclinó la amistad que comenzó a entablar con los elementos liberales londinenses, y más en particular con el barón von Hügel, quien fue el que lo inició en la crítica bíblica y en la filosofía kantiana, así como el que lo puso en contacto con los exégetas modernistas del continente, especialmente con Loisy.

Pronto comenzó un proceso de distanciamiento de la escolástica, y un paulatino acercamiento a la filosofía de la inmanencia de Blondel. En cierta ocasión dijo: "Si acaso tengo algún don, es una especie de poder femenino de llegar a conclusiones sin el apoyo de premisas, de adivinar lo que la historia debe decir, de forjar hipótesis y síntesis". En su interior lo sobrenatural iba tendiendo a diluirse en lo natural, el carácter intelectual de la revelación en una piedad sentimental. A partir de la lectura de sus maestros franceses, Loisy y Blondel, comenzó a mirar con simpatía el modernismo al que se fue acercando como a un mejor medio para llegar al hombre de su tiempo. En realidad sería más bien misionero que profesor. Por lo demás, estaba convencido de haber encontrado en las doctrinas del cardenal Newman acerca de la evolución del dogma el punto de encuentro entre el catolicismo y el pensamiento moderno. No lo había entendido bien, por cierto, ya que la ortodoxia de Newman fue defendida por el mismo Pío X.

Al poco tiempo empezó a expresarse a través de obras anónimas, que fue publicando bajo diversos pseudónimos, para evitar la censura de la Compañía. En ellas sostenía, entre otras cosas, que Cristo no se presentó como un profesor de ortodoxia y, por tanto, la teología católica no tiene razón cuando entiende la fe como asentimiento de la inteligencia a un credo pretendidamente revelado y milagrosamente preservado del error. El dogma sólo sería un intento del hombre de expresar en términos intelectuales, siempre provisionales, la inspiración divina que experimenta en sí.

Sus obras anónimas, que no cesaban de multiplicarse, especialmente a partir de 1902, comenzaron a llamar la atención, hasta que los superiores de la Compañía acabaron por descubrir a su autor. En 1906 fue expulsado de la Orden. Él estaba ya gestionando su salida, pero no encontraba un obispo que aceptase recibirlo. Se refugió entonces en una pensión familiar desde donde, sintiéndose más libre, se lanzó a una intensa campaña en favor del modernismo. Era un momento de gran tensión, especialmente intensa a partir de la publicación de la encíclica *Pascendi*. En 1907 fue sancionado por Roma, prohibiéndosele la administración de los sacramentos. Él seguía "sintiéndose" católico. No deja de ser extraño que, habiendo sostenido que los sacramentos eran "hechos naturales", que se explican por factores psicológicos, le escribiera a von Hügel confesándole su "nostalgia del altar".

En la plenitud de sus fuerzas, ya que no había cumplido aún los cincuenta años, y mientras desarrollaba una actividad desbordante dentro de la corriente modernista, le sorprendió la muerte. Hasta el fin persistió en afirmar que se creía defensor de la Iglesia verdadera. En su testamento dejó escritas estas paradojales palabras: "Si rechazo el ministerio de un sacerdote católico romano en mi lecho de muerte, será únicamente porque no deseo proporcionar base alguna a las insinuaciones que quisieran hacer creer en cualquier retractación por mi parte de aquellos principios católicos que he defendido contra las herejías vaticanas. Si ningún sacerdote quiere asistir a mi funeral, sea sepultado en completo silencio. Si en mi sepulcro se coloca una lápida, grábese que fui sacerdote católico, y el acostumbrado emblema del cáliz y la hostia; ningún otro añadido o comentario".

Consideremos ahora sus publicaciones. Tiene, ante todo, escritos clandestinos, según ya lo hemos señalado, sobre todo en revistas, donde se disimulaba bajo nombres ficticios. Entre otros títulos citemos "La religión como factor de vida", "La Iglesia y el futuro", etc. En el orden de la moral, allí se afirmaba, sólo podemos alcanzar símbolos "especulativamente falsos pero prácticamente verdaderos", lo único que importa es su aptitud para guiar nuestra acción. Por lo demás, si bien la Iglesia es la que mejor supo recoger las enseñanzas de los profetas del Antiguo Testamento, llegando a ser la maestra de las almas por excelencia, ello no significa que sus doctrinas expresen la verdad absoluta; hay que considerarlas al modo de "símbolos". Reprocha al catolicismo el haberse arrogado la infalibilidad doctrinal, confiada al cuerpo eclesiástico; dicha pretensión ha quedado desmentida por la historia de los dogmas. No es eso la Iglesia, sino más bien una escuela de caridad; sus dogmas sólo son representaciones mentales a las que no se les pedirá sino "aproximaciones" de la verdad. Por lo demás, dado que la vida divina reside esencialmente en los individuos, la autoridad pertenece al *consensus fidelium,* del cual los obispos y el papa no son sino sus intérpretes. En carta que escribió a un profesor de antropología dirá que no hay que confundir la fe con los dogmas, que no son sino su interpretación intelectual, así como la Iglesia no se identifica con la jerarquía.

Entre las obras que publicó con su nombre podemos mencionar *Lex orandi,* que apareció en 1903, cuando todavía era jesuita. Allí identifica la revelación con la experiencia vital (*religious experience*), que se percibe en la conciencia de cada cual, por lo que la "lex orandi" es la que dicta las normas de la "lex credendi", y no a la inversa. Esta obra, de gran nivel literario y unción mística, conoció un éxito notable. Pero ya no se sentía cómodo en la Compañía. Tras su salida de la Orden publicó *Lex credendi,* que apareció como una explicación de *Lex orandi.* En dicha obra se nota cierta búsqueda de equilibrio entre el misticismo y el dogmatismo, si bien ya deja traslucir sus propensiones antiintelectualistas. Luego, en 1907, publicó un volumen donde juntó varios artículos aparecidos anteriormente en diversas revistas, con algunos textos inéditos, bajo el título de *Through Scylla and Charybdis,* entre Escila y Caribdis. ¿Cuáles eran los dos escollos a que alude el título? El dogmatismo excesivo de los teólogos, por un lado, y el pragmatismo utilitarista de algunos filósofos, por otro. Había que ir hacia un cristianismo en que la experiencia mística garantizara la realidad. Así hizo manifiesta, con ligeros atenuantes, su doctrina acerca del inmanentismo y el simbolismo que en sus obras clandestinas sólo había sido clara a los ojos de algunos iniciados.

En 1908 escribió un pequeño volumen llamado *Medievalism,* donde critica severamente no sólo lo que considera el absolutismo papal, sino también el catolicismo tradicional. Allí leemos: "*Modernismo* significa la existencia en la modernidad como sobre un principio, es decir, el reconocimiento, de parte de la religión, de los derechos del pensamiento moderno; es la necesidad de una síntesis no indistinta entre lo viejo y lo nuevo, sino entre lo que mediante el análisis crítico se juzga como bueno entre lo viejo y lo nuevo. Su contrario es el *Medievalismo*, el cual, como hecho, es simplemente la síntesis obrada entre la fe cristiana y la cultura del tardo medioevo, y que sólo por error se cree que posee la antigüedad apostólica; el cual niega que el trabajo de síntesis sea siempre necesario y deba durar tanto cuanto dure la evolución intelectual, moral y social del hombre; considera por ello la expresión medieval del catolicismo como la suya primitiva y al mismo tiempo definitiva expresión. Medievalismo es un término absoluto. Modernismo, un término relativo. Aquél significará siempre las mismas ideas y las mismas instituciones; el significado de éste está destinado a cambiar con el tiempo".

En continuidad con estas ideas, y refiriéndose al anhelo de autonomía y la seguridad en su modo de ver que experimenta el cristiano de la modernidad, dejó escrito en un artículo: "Frente a ella, la Iglesia de Roma no encontrará ni la herejía ni el cisma, sino una multitud de excomulgados sometidos, que creen justamente en sus justos derechos pero decididos a resistir a sus extravagantes pretensiones, asistiendo a sus Misas, practicando su Breviario, observando sus abstinencias, obedeciendo a sus leyes y, en la medida en que ella lo permita, compartiendo su vida. Y esos excomulgados, en muchos casos, necesariamente serán no sólo los más inteligentes y los más cultos, sino también los más ardientes y sinceros, los más desinteresados entre sus hijos, los más profundamente religiosos y evangélicos. Pero, lo que no dejará de causar graves inquietudes a la Iglesia, hablarán libremente y sin temor, en el interés mismo de la Iglesia, reclamarán, ejercerán el derecho de hablar, el derecho de escribir [...]".

Durante el año 1908, Tyrrell intensificó sus contactos con los modernistas del continente, sobre todo de Italia, donde eran numerosos sus admiradores, con el objeto, según le decía en carta al padre Buonaiuti, de "organizar un fuerte núcleo de excomulgados, que constituyesen una protesta viva contra el papado". Poco después, en 1909, moriría. Tras su fallecimiento apareció un último libro suyo, hasta entonces inédito, pero que el autor había dejado sustancialmente terminado. El libro se llamó *Chritianity at the Cross-Roads*, "El cristianismo en la encrucijada", y puede ser considerado como su testamento espiritual. Para algunos, *es su* mejor libro; para otros, sigue una línea no del todo coherente con sus escritos anteriores. A mí me pareció realmente notable. Para mejor conocimiento de su autor citaremos algunos textos del mismo.

> Un dogma es justamente el *ipse dixit* de un gran maestro, y es impuesto en nombre de su prestigio. Discutirlo sería una insolencia. Nadie discute el valor pedagógico de ese dogmatismo dentro de los debidos límites; pero no es lícito ir más allá de dichos límites. La arrogancia de los doctores y de los maestros ha sido siempre uno de los más grandes obstáculos para el progreso humano; y pocos son los hombres que pueden resistir la influencia contagiosa de una confianza ilimitada.

La Iglesia católica es sustancialmente fiel a Cristo, pero hace mal en ir más allá del "símbolo", más allá de la idea. La Escritura, así entendida, está en conflicto con la ciencia.

> Cuando establecemos un cotejo entre la idea de Jesús, cual emerge de la válida y serena crítica de los evangelios, y la de la Iglesia católica; cuando consideramos el tipo de vida espiritual tal cual se ha presentado en sus santos, canonizados o no; cuando escuchamos a sus predicadores clásicos, y estudiamos sus tradiciones ascéticas, no podemos sino reconocer que ella ha permanecido fiel no sólo a la idea religiosa de su Fundador, sino también a la forma misma con que la idea fue revestida. Pero su apego a la letra [...], su rechazo a admitir el carácter simbólico de la visión apocalíptica, su insistencia en declararla como una verdad revelada de orden fenoménico, y hacer así de ella un criterio de historia y de ciencia, todo ello ha disminuido poco a poco su influjo sobre la vida y la ha llevado a un conflicto abierto con el pensamiento moderno [...] Los modernistas querrían que el carácter simbólico de la idea fuese explícitamente reconocida [...] A medida que los símbolos fueron tomados literalmente, surgió el conflicto entre la teología y la razón, cuando la razón, excluyendo el significado literal de la visión apocalíptica, parecía hostil a la fe [...] Lo que a nosotros nos importa es su verdad espiritual y no la fenoménica, fuera de aquellos casos en los que se puede demostrar que su valor espiritual depende, como sucede a menudo, del histórico. En los otros casos pertenecen a la categoría de las visiones que simbolizan la esperanza interior.

Refiriéndose a la encíclica *Pascendi* ofrece esta aguda observación:

El modernismo ha sido llamado por Pío X "el compendio de las herejías" porque se preocupa demasiado de los presupuestos [de la doctrina]. Las antiguas herejías atacaban este o aquel dogma, esta o aquella institución eclesiástica; en cambio el Modernismo critica la *idea* misma de dogma, de eclesiasticismo, de revelación, de fe, de herejía, de teología, de sacramentalismo.

En otro lugar se refiere así a lo que denomina "objetividad" de nuestra fe:

> Ayuda observar lo que debe decirse del "Padre celestial" y de todas nuestras ideas e imágenes de Dios, las cuales no corresponden, ni en nuestras experiencias, a algo objetivo, como los conceptos que nos formamos del mundo sensible. Son, desde todos puntos de vista, "visiones" de aquella realidad trascendente, única que responde a nuestras necesidades e instintos espirituales […] Lo que corresponde verazmente a Dios son nuestras realidades espirituales, y no las ideas o imágenes con las que nos esforzamos por explicar aquellas necesidades en los términos de la experiencia actual, recuperando conceptos y abstracciones que se contradicen entre sí […] Aunque aquellas imágenes son ilusorias, con todo conservan cierta verdad práctica, por medio de la cual podemos anticipar y controlar las experiencias espirituales, y conformar nuestra conducta al mundo trascendente.

Sostiene el padre Bourmaud que lo que Tyrrell entiende por revelación no es un depósito revelado inteligible, sino tan sólo una experiencia no racional y un toque místico que se siente en el corazón. Es el fruto de la conciencia, y también, como nos lo acaba de señalar, una respuesta a nuestras necesidades. Dios es más "útil" que "adorable". "Nuestro mejor Dios no es más que un ídolo, un templo construido por manos que limitan la voluntad divina tanto como nuestra esquematización del infierno, purgatorio y cielo, planta baja, entresuelo y primer piso", observa burlescamente el padre Tyrrell. Y en plena escuela kantiana: "Siempre y necesariamente somos nosotros mismos quienes nos hablamos a nosotros mismos, quienes (ayudados desde luego por el Dios inmanente), elaboramos la verdad para nosotros mismos".

El prologuista de la edición italiana de esta última obra de Tyrrell, Arnaldo Cervesato, escribe: "La experiencia religiosa y por tanto nuestro conocimiento religioso –como por lo demás toda forma de conocimiento– es esencialmente relativa: relativa a nuestra personalidad, a través de la cual la verdad pasa y se revela. Las verdades eternas pasan a través de nuestro *yo*, y por tanto son percibidas –vale decir, vividas y realizadas– de un modo más o menos imperfecto, según el grado de mayor o menor impureza que posee el espejo de nuestro *yo*. Pero esta verdad llena de error que en los límites de una conciencia individual tiene tanta relatividad, puede adquirir cierta absolutez en la más vasta órbita de una conciencia colectiva. Esta conciencia colectiva es la Iglesia, la «mente de la Iglesia». La mente de la Iglesia no es una entidad abstracta y metafísica, sino la resultante de mentes singulares asociadas, o, como él se expresa, «la resultante que proviene de la cooperación de una multitud de mentes». Es, pues, en la mente colectiva de la Iglesia que, mediante un proceso de acciones y de reacciones, se desenvuelven, se perfeccionan y se consolidan las verdades religiosas […] Los dogmas sólo pueden ser entendidos a la luz de un concepto dinámico. Así como la Iglesia es un organismo vivo, también lo son sus dogmas; por eso, en la mente de la Iglesia, colectivamente, el entero cuerpo de las verdades reveladas puede desenvolverse en amplitud y distinción". Por desgracia, la Iglesia jerárquica ha ido tomando los "símbolos" literalmente, de donde un inevitable conflicto entre la teología y la razón. De este modo, conclusiones racionalmente insostenibles acaban por convertirse en verdades de fe.

De ahí lo que nuestro teólogo solicita en su obra. "No pedimos una «nueva» religión, sino solamente una religión renovada y transformada a la luz de la ciencia". Como lo hemos señalado páginas atrás, para él lo contrario del Modernismo es el Medievalismo, anclado en un estéril fixismo. "Por Modernista yo entiendo un creyente en Cristo y un creyente en la posibilidad de una síntesis entre las verdades sustanciales de la religión y las verdades sustanciales de la modernidad".

Tyrrell se aplica a presentar algunos casos. Por ejemplo, el misterio de la Eucaristía. ¿Cómo cohonestar aquel desposorio intelectual entre revelación y mentalidad moderna con el carácter sacramental de la Eucaristía? "La Eucaristía –escribe–, como fue instituida por el Señor, no fue un mero símbolo, sino prenda real de una participación en el banquete mesiánico en el Reino que viene de lo alto. Si más tarde, por influjo del pensamiento griego, fue concebida como sacramento, ello no corresponde a la verdadera intención de Jesús".

Cuando trata de Jesucristo, también recurre a aquel singular desposorio. Tyrrell considera al Señor más como alguien que se hace sentir que como maestro que impone una doctrina. Lo que transmite no es una idea sino una fuerza. En su último escrito, nuestro autor no afirma con claridad que Cristo sea Dios. Su "yo" es "el espíritu hecho hombre". Quizás fue "divino", pero no queda claro que *sea* Dios. Llega a nosotros no como alguien que enseña sino como un influjo personal. Es cierto que en algún lugar de la obra que estamos comentando afirma, sí, que fue el Logos o Verbo de Dios. Pero lo dice como de paso. Nunca asegura claramente que Cristo *es* Dios. Más bien nos lo muestra como el hombre por excelencia, mediador entre Dios y la humanidad. Cuando Jesús afirmó de sí mismo que era una sola cosa con el Padre, ello debe entenderse que tuvo cierta intuición de identidad; era un ser divino, privilegiado con una experiencia mística; tenía fe en sí mismo. Al tratar de Jesús, Tyrrell insiste mucho en la categoría de "símbolo"; su mesianismo es una expresión "simbólica"; si se la racionaliza, escribe, se olvida su carácter verdadero. En otras páginas del mismo libro se acerca más a la doctrina ortodoxa. Sin embargo no puede olvidarse que en un escrito anterior se había preguntado: "¿Podía ese carpintero judío del primer siglo enseñar algo de importancia, si para él la mitad del mundo y casi toda la Historia no existía, si el universo estelar le era desconocido, si no sentía más que desprecio por el arte, la ciencia y la política, y no se interesaba más que por el reino de Dios y su justicia?"

En la obra que estamos sintetizando, minimiza también el sentido de la resurrección del Señor:

> Lo que los ojos de los Apóstoles vieron no era sino un símbolo de la resurrección trascendente, visible solamente a los ojos de la fe. La experiencia interior, que se expresaba de esa manera, era el reconocimiento de que la personalidad divina de Jesús –el Espíritu que él fue– no puede morir […] El símbolo se adaptó a las ideas apocalípticas, a la creencia en un Reino de los cielos casi-físico y en una casi-física resurrección de los justos […] Toda la confianza y la fe que Él había inspirado en sus Apóstoles, hicieron que ellos esperasen aquella resurrección que debía justificarlo a Él y a su proclamación de ser el Hijo del Hombre. La fe de ellos en su resurrección fue inflamada por la suya. Aunque Jesús no hubiese aparecido a sus ojos ellos habrían debido, o podido, igualmente creer. Tal es el significado de las palabras "Bienaventurados quienes sin haber visto han creído" […] ¿No tenemos acaso todas las razones de creer que aquello que los Apóstoles vieron fue una visión espontáneamente revestida, en una forma apocalíptica familiar, de la fe que tenían en su triunfo y en su resurrección espiritual, en el orden trascendental y eterno, una visión que encontró su forma exterior por la intensidad misma de su fe, que parecía como algo dado de afuera; una visión

que estuvo llena de significado y simbólica de una realidad que, si bien interiormente captada, no era en modo alguno subjetiva, una visión que fue divina únicamente porque la fe que la produjo era divina?

Como se puede ver, no hay duda para Tyrrell de que Cristo resucitado se apareció, aun cuando no queda claro si ello fue algo físico o sólo a los ojos de la fe. Su recuerdo de las palabras de Cristo "Bienaventurados quienes sin haber visto han creído", olvida aquellas otras: "Bienaventurados los ojos que ven lo que vosotros veis".

Hemos citado ampliamente varios textos de la última obra que escribió Tyrrell, y que, como dijimos, fue publicada después de su muerte. Una obra extraña, por cierto, ya que encontramos en ella, juntamente con los errores a que hemos aludido, expresiones que parecerían mostrar cierta supervivencia de sus viejas raíces católicas, por ejemplo los repetidos ataques que dirige al protestantismo liberal, que reduce todo a la moral o ética. Allí afirma sin ambages que entre Cristo y la Iglesia católica hoy continuidad. En el capítulo IX leemos: "El catolicismo es el verdadero cristianismo de Cristo". Censura, asimismo, la actitud de aquellos que polarizando sus preocupaciones en la moral, parecen olvidar la vida eterna… Espléndido un texto donde critica lo que denomina "el Cristianismo Moderno", que pone su fe y su esperanza en este mundo, en total olvido de lo esjatológico. Se quedan en el progreso indefinido y su único anhelo es el progreso social. Ello no es evangélico, escribe, sino una extraña perversión, "cuyo optimismo es generado por la fe en este mundo […] Para ellos el Reino de Dios aparece como término natural de un proceso de evolución ética y social. Ahora bien, no hay cosa más evidente que ésta: que Jesús no tuvo nunca tal fe ni tal esperanza. La revelación del Reino apocalíptico del cielo era el Evangelio y la Buena Nueva para aquellos que desesperaban en este mundo". Clara condena de una suerte de apocalipsis inmanentista. El Reino de Dios no brota de la tierra; desciende de lo alto. En fin, cuando habla así nos parece más católico que muchos progresistas de la actualidad.

Volviendo a la línea general, por lo que parece, dejó de ser católico. En cierta ocasión se preguntó si el catolicismo no debería quizás pasar por su fin para poder revivir en una forma más grande y sublime. Él siempre siguió profesándose católico. En esto se diferencia sustancialmente de Loisy. Sin embargo no nos sería lícito minimizar su apartamiento de la Iglesia. No en vano dejó escrito: "El catolicismo oficial ha caducado, pero no hay que abandonarlo porque aún encierra tesoros de vida espiritual, con la condición de distinguir la fe viva de la teología muerta, y la Iglesia real de la autoridad que la gobierna. El judaísmo debía vivir una vida gloriosa y resucitar en el cristianismo. ¿No puede repetirse la historia? ¿No es el brazo de Dios lo bastante poderoso como para hacer salir, de las mismas piedras, hijos de Abraham? ¿No puede ser que el catolicismo, como el judaísmo, deba morir para renacer en una forma más amplia y elevada? ¿No es necesario que todo organismo alcance los límites de su desarrollo y luego muera, para sobrevivir sólo en su descendencia?". Cuando describe esa Iglesia del futuro, la imagina incluyendo los puntos positivos de todas las religiones. En el fondo, no quería que el catolicismo muriese sino que se transformase. Quería una Iglesia verdaderamente "católica", universal. "Pongo mi confianza en Buda; pongo mi confianza en la doctrina [de la liberación]". En una de sus cartas dejó escrito: "El verdadero catolicismo no es el judaísmo cristianizado del Nuevo Testamento, sino el cristianismo paganizado o la religión mundial, lo que equivale a un cambio de ropa estrecha a ropa holgada". Y también: "Jesús inició el proceso de la conciencia humana autodivinizada. En este sentido será la humanidad un Cristo místico, un Logos colectivo, el Verbo o la Manifestación del Padre; y cada miembro de esa sociedad será, en esta misma medida, un Cristo o un revelador en el que Dios se habrá encarnado y permanecido entre nosotros".

Cuando apareció la encíclica *Pascendi*, Tyrrell se sintió profundamente contrariado. El 27 de octubre de 1907 escribió: "Si se me acusa de herejía, de error, de falta de respeto, me someto; si acaso se me acusa de oponerme públicamente, en nombre del Catolicismo, a un documento que destruye su única posible defensa contra los debidos límites de la autoridad eclesiástica [...] respecto a tal postura absolutamente soy y seré siempre impenitente". Su reacción no carece de resabios luteranos. Estoy dispuesto a pasar por todo, dice, pero "no puedo permitir que nadie me imponga una manera de interpretar la palabra de Dios". Opción vital, afirma de Haro, que lo lleva a rebelarse contra la autoridad, una opción por cuya virtud la propia experiencia prevalece sobre los dictámenes de la Iglesia.

La *Pascendi* fue para él una gran desilusión. En un artículo afirmaría: "Lo que el modernista lamentará más es que la Iglesia haya perdido una de las más hermosas ocasiones de mostrarse la salvación de los pueblos. Raramente, en su historia, todos los ojos se fijaron sobre ella en una espera más ansiosa [...] El protestantismo, en la persona de los pensadores que mejor lo representan, no estaba ya satisfecho por su negación brutal del catolicismo y comenzaba a preguntarse si Roma no se separaría también de su medievalismo rígido. El movimiento modernista había transformado todos los sueños vagos de reunión en esperanzas entusiastas. ¡Ay! Pío X viene hacia nosotros con una piedra en una mano y un escorpión en la otra". En su libro *Entre Escila y Caribdis* dejó escrito: "La excomunión no sólo carece hoy de la mayoría de los terrores que infundía en la Edad Media, sino que es un bautismo de fuego, un medio de santificación para el hombre piadoso [...] Rara vez en su historia [de la

Iglesia] todos los ojos se han fijado en ella con una espera tan ansiosa; se esperaba que tuviera pan para los millones que mueren de hambre, para los que sufren de esa vaga necesidad de Dios que la encíclica desprecia tanto […] Por desgracia Pío X viene hacia nosotros con una piedra en una mano y un escorpión en la otra".

Los últimos años de su vida los pasó en la casa de una familia amiga. En julio de 1909 sufrió un ataque de hemiplejia. Como no se había retractado y la enfermedad le impedía expresarse, el obispo del lugar prohibió que lo asistiesen espiritualmente. Sin embargo un sacerdote, confiando en lo que le había dicho von Hügel de que Tyrrell se había retractado, le dio la absolución *sub conditione* y también la extremaunción. Murió a los nueve días de haber tenido el ataque. Tenía 48 años. Fue enterrado en el cementerio de una parroquia anglicana.

3. Antonio Fogazzaro (1842–1911)

En Italia había un grupo de seglares inclinados al estudio que se interesaban apasionadamente por los temas religiosos, cosa poco frecuente en la Italia de aquellos años, tan imbuida en el espíritu del *Risorgimento*, que fue en cierto modo, según lo señalamos anteriormente, una trasposición del ideario de la Revolución francesa a la Península. En 1890, Luigi Sturzo, que por aquel entonces tenía sólo veinte años, lamentaba que los seminaristas viviesen como en un invernadero, ajenos a las corrientes ideológicas de su tiempo. No se les posibilitaba conocer los problemas acuciantes del ambiente que los rodeaba, los "progresos" de la sociedad, los libros recientemente aparecidos, la agitación social, la política, los partidos políticos, las relaciones económicas, las agrupaciones populares, el liberalismo, el socialismo, la naciente democracia cristiana. A su parecer, en los seminarios se preparaban clérigos demasiado focalizados en lo cultual, entendiendo que su única función sería sermonear a los pocos fieles que aún estuviesen dispuestos a escucharlos.

Todo ello debía acabar. El seminarista tenía que vivir en comunión con las ideas y las prácticas vigentes en la sociedad. Sólo así podría luego regenerarla. Los modernistas se presentaban al papa como si fuesen fieles vivamente interesados en que otra vez la Iglesia tuviera vigencia en el mundo. Para mejor concretar dicho propósito lo exhortaban a no enclaustrarse en su soledad del Vaticano, con su mente fija en los recuerdos de las viejas tradiciones teocráticas y escolásticas de la Edad Media, sino que asumiese su responsabilidad ante Dios y ante la historia, entendiendo que si persistía en vivir de recuerdos trasnochados, la institución que gobernaba se vería llevada ineluctablemente a una nueva gran derrota.

Fue en el seno de este panorama del catolicismo italiano donde hizo su aparición Antonio Fogazzaro. De él diría el padre Tyrrell que era una síntesis "de las diversas aspiraciones de reforma más vivas en el catolicismo italiano". Fogazzaro encarnaría el modernismo en la literatura. ¿Quién era este personaje? Nació en Vicenza el año 1842. Su juventud transcurrió, pues, en tiempos del *Risorgimento*. Durante esos años su fe religiosa se fue inclinando más y más hacia un vago espiritualismo. Al fin, no sintiéndose ya sostenido por una fe profunda, dejó de practicar. "La primera vez que me fui a pasear en lugar de ir a la iglesia –dirá– experimenté una satisfacción como si hubiera roto una pesada cadena". Pronto entró en relación con un curioso personaje llamado Chialiva, un viejo carbonario. Trataba entonces de cubrir su vacío aferrándose a una vaporosa religión del corazón. Fue lo que luego llamaría su "conversión", que tuvo lugar en 1873, después de haber leído la *Philosophie du Credo*, del padre Gratry. "Esto es lo mío", pensó.

A lo largo de su vida fue publicando diversas obras, entre las cuales *Il mistero del poeta, Piccolo mondo moderno*, y varias más. Pero su obra principal fue *Il Santo*, que salió al público el año 1905. Años atrás, en 1896, en razón de su prestigio como escritor y pensador, había sido nombrado senador.

Fogazzaro se sintió profundamente desilusionado cuando se enteró que el cardenal Sarto había sido elegido para ocupar el trono pontificio. Era el año 1903. Había esperado que el sucesor de León XIII fuera un papa que aceptase el modernismo o, al menos, un papa de compromiso. A su juicio, del nuevo Sumo Pontífice no cabía esperar que tuviera la capacidad intelectual necesaria para captar las actuales circunstancias, y menos que comprendiese y aceptase el mundo moderno. Así lo señala en algunas de sus cartas. "Yo esperaba un Papa que elevase el nivel intelectual de la jerarquía eclesiástica y tuviese el sentido del espíritu moderno […] Estamos propiamente en las antípodas", afirma en una de ellas. ¿Qué haría el nuevo papa frente al libro *Autour d´un petit livre*, que acababa de publicar Loisy? Para Fogazzaro, el sacerdote francés era "el más valiente precursor de esta renovación de las viejas fórmulas de la fe católica". Lo admiraba profundamente, al igual que a su libro *L´Évangile et l´Église*. En su entender, el papa comprendía poco de estos asuntos, ya que desconocía los valores de la cultura moderna y, para colmo, se había rodeado de tradicionalistas al estilo de Merry del Val…

Expondremos ahora el contenido de *Il Santo,* la obra que lo llevó a la fama. La novela comienza relatándonos lo que sucedió en una reunión de varios notables católicos, que tuvo lugar cerca de Subiaco, en una quinta o casa de campo de Giovanni Selva. Era éste un intelectual católico modernista, amante de la Sagrada Escritura, cuyos trabajos recordaban la labor crítica de los exégetas "avanzados", al estilo de Loisy, una especie de "místico" que de todo amor humano "sacaba en su corazón una armonía con el divino". María, su esposa, anteriormente protestante, se había hecho católica. Ella era rica, él tenía una posición acomodada. Desde abril a noviembre solían residir en Subiaco, a unos 77 kilómetros de Roma, en una pequeña finca. Vivían "casi pobremente", sin dejar de ser generosos. Sólo gastaban en libros y correspondencia. Ella ayudaba a su marido en una publicación que éste estaba preparando sobre las razones de la moral cristiana. Entre los asistentes a la reunión se contaba un tal Pedro Maironi, a quien le gustaba que lo llamasen Benedetto. Sin dejar de ser laico hacía vida de monje, como huésped en un monasterio cercano. La gente lo conocía como "el santo".

Abrió Selva el encuentro pidiendo a sus invitados que mantuviesen en reserva lo que allí se dijere; que todos "se considerasen ligados por un compromiso de honor". A pedido del padre Marinier, otro de los asistentes, Giovanni Selva explicó el objetivo de aquel encuentro: "Hay muchos católicos en Italia y fuera de Italia, que desean una reforma en la Iglesia. La deseamos sin rebelión, ejecutada por la legítima autoridad. Deseamos reformas en la enseñanza religiosa, reformas en el culto, reformas en la disciplina del clero, reformas también en el supremo gobierno de la Iglesia". Ello se iba a hacer, agregó, apelando a la opinión pública, una opinión que todavía no existía y que había de crearse. Tratábase de una labor sin plazo, que requeriría paciencia. En ese momento lo importante era juntar a quienes se mostraban interesados en el nuevo programa, conectar sus esfuerzos y hacer un inventario de las personas que compartirían el objetivo del proyecto, porque era muy probable, aseguraba Juan Selva, que hubiese en el mundo católico "una grandísima cantidad de personas religiosas y cultas que piensan como nosotros". Tal era el designio del modernismo, poner sobre el tapete un sistema de ideas, e iniciar un movimiento que condujese a la reforma del catolicismo, volviéndolo acorde al espíritu de la modernidad. Sus propulsores partían de lo que consideraban una deficiencia de la Iglesia de aquellos tiempos, a saber, el aislamiento cultural de los católicos en Italia.

El modernismo buscaba presentarse, y era, sin duda, su principal alegato, como un cristianismo abierto a las exigencias del mundo contemporáneo, en diálogo con él. Visto desde afuera, el propósito no dejaba de parecer extraño. Un grupo de personas que realmente tuviesen fe, no se plantearían ninguna necesidad de adaptar la fe a su tiempo; en todo caso, al revés, tratarían de "configurar" el tiempo conforme a la doctrina que profesaban. Sea lo que fuere, la consecución de aquel proyecto no sería fácil ya que, como añadió Selva, había un conflicto o, al menos, un desfasaje entre la sociedad y la formación eclesiástica recibida por la generación anterior de sacerdotes. Ellos habían sido educados, se acotó entonces, en "el más cordial menosprecio de la cultura moderna, y también, hay que reconocerlo, el más monstruoso orgullo por la instrucción teológica medieval". Llamaba la atención, se dijo, que aquellos hombres, en contacto permanente con el mundo moderno, se mostrasen tan incapaces de comprender su lenguaje y sus aspiraciones. Esa parte del clero, mayoritaria por cierto, era la que ahora estaba gobernando la Iglesia.

Como bien señala García de Haro, la apertura a que incitaba el modernismo, y el consiguiente intento de diálogo que propiciaba con el mundo contemporáneo, se mostraba dominado por un sentimiento de inferioridad, consecuencia lógica de su manera de ver las cosas: aquel movimiento partía de una especial sensibilidad frente a los problemas y tensiones que el pensamiento moderno planteaba a la fe; al mismo tiempo que se apreciaba con admiración la importancia de los medios y adquisiciones del hombre, sus aportes y descubrimientos, no se valoraba lo que como católicos poseían, lo que eran capaces de dar, "la superioridad del don sobrenatural sobre cualquier conquista humana; más aún, su poder de penetrarlas y juzgarlas".

Recordemos lo que más arriba dijimos del afán apostólico y proselitista que caracterizaba a los grupos adictos al modernismo, del entusiasmo que los enardecía. ¿Debía extinguirse la llama encendida del Evangelio?, pensaban. ¿No había ya una fuerza latente capaz de renovar el catolicismo? ¿Era inviable reconstruir el cristianismo anquilosado y las instituciones de la Iglesia? Pero semejante cosa no se haría, como dijo uno de los presentes en la reunión, abandonando la nave: "Querría que ninguno saliese de la Iglesia, sino que al lado de la Iglesia romana, pequeña y mezquina, lográsemos fabricar una nueva Iglesia más vasta, más bella, más correspondiente a nuestras necesidades, cuyo esplendor hiciese desaparecer casi inadvertidamente a la primera". Dicho proyecto fue el que los impulsó a tomar particular conciencia de las dificultades reales existentes, juntamente con el deseo de abordarlas, de recoger los aportes positivos de la ciencia y de la época. Ello de por sí no era condenable, acotamos nosotros. Lo malo fue el espíritu con que se lo hacía, no vacilando en sacrificar el dogma a las presuntas necesidades del pensamiento contemporáneo, en la minusvalorización del don sobrenatural. El diálogo que se buscaba partía de una moral de derrota, en que se dejaba de lado los logros de varios siglos llevados a cabo por tantos doctores y santos de la Iglesia. Por lo demás, las "autoridades" intelectuales del movimiento eran preferentemente autores acatólicos; tales los nuevos maestros que venían a reemplazar a los de la tradición. Complejo de inferioridad, reiterémoslo. En el caso de que la fe no coincidiese con las teorías modernas, es evidente que hubieran debido ser éstas las sujetas a revisión.

Por eso, según agudamente afirma García de Haro, no parece exacto calificar el modernismo como un movimiento pletórico de fuerza y juventud, prematuramente abortado. Nació, sin duda, cual una actitud de apertura a su tiempo, pero era en el fondo una "apertura de impotencia", y ello precisamente en función de su falta de juventud. "A la postre, se subordina la fe a la razón. Se parte del racionalismo o del agnosticismo, y se intenta explicar las verdades de la fe según las categorías filosóficas del momento, cuando lo cristiano era repensarlas a la luz de la fe, y juzgar de su viabilidad".

También pensaban los novadores que la anhelada "adaptación al mundo moderno" debía llegar al campo de la ética, para "ajustar" las normas del cristianismo a la tabla moral de los "valores" imperantes en la sociedad. A su juicio, dicha capacidad de "amoldarse" al rasero dominante era la única vía que les restaba si querían conservar todavía algún papel en la historia de la humanidad. "Es modernista –dirá el padre Grandmaison– aquel que tiene esta doble convicción: que, sobre los puntos definidos, que interesan al fondo doctrinal o moral de la religión cristiana, pueden existir conflictos reales entre la posición tradicional y la moderna, y que, en tal caso, la tradicional debe adaptarse a la moderna por vía de retoques, o, si es necesario, de cambio radical o de abandono". Cuando ese movimiento intelectual intentase saltar al campo de la actuación pública, no vacilaría en negar toda capacidad al espíritu cristiano para fecundar y orientar hacia la trascendencia los logros de la política y del orden temporal, en general, terminando por afirmar, concluye García de Haro, "que los frutos maduros del cristianismo han pasado al pensamiento socialista, actual heredero del Evangelio, o, en su día, [éste] tenderá la mano a la Iglesia para conseguir conjuntamente la regeneración de la humanidad".

Volvamos a la famosa reunión de Subiaco, donde estos propósitos constituyeron la cuestión central del encuentro. Una vez expuestos los objetivos, el padre Marinier tomó la palabra señalando que una agrupación –esa especie de francmasonería católica, la designa–, con objetivos tan definidos, encuentra siempre la resistencia de quienes se sienten afectados en sus intereses o su ideología. Asociarse significa, pues, pertrecharse, presentar batalla y someterse al fuego cruzado de los adversarios. "¿Tenéis un santo entre vosotros?", preguntó. Si no, habría que buscarlo, y una vez encontrado, enviarlo por delante como Mesías, que expusiera las finalidades del grupo y que, si fuese posible, hasta llegara a hacer algún milagro. No otra sería la estrategia adecuada.

El papel de dicho Mesías lo encarnaría en la novela Piero Maironi, a quien llamaban, ya lo dijimos, *Benedetto*. Fogazzaro se cuida, sin embargo, de idealizar demasiado su figura. Lo muestra, sí, haciendo algunos presuntos "milagros", pero en modo alguno como una persona impecable, no ocultándose que tiempo atrás había mantenido una relación ilícita con Jeanne Dessalle, hermana de Selva. Benedetto era amigo de Selva a quien, según él mismo lo reconocería poco antes de morir, le debía mucho. El autor de la novela pinta a Benedetto como un hombre "abierto", un verdadero maestro, "de un saber inmenso", dice, conciliador, que nunca discutía las diferencias que separan las diversas Iglesias.

Sigamos relatando el curso de aquella reunión. Durante un largo rato, Selva tomó la palabra, insistiendo en la necesidad de presionar a las autoridades jerárquicas en pro de "la reforma que soñamos". Y agregó: "Somos un cierto número de católicos, en Italia y fuera de Italia, eclesiásticos y laicos que deseamos una reforma de la Iglesia. Para ello necesitamos crear una opinión que induzca a la autoridad legítima a actuar según nuestras miras, aunque fuese dentro de veinte, treinta o cincuenta años". Otro de los presentes en la reunión, un joven monje del monasterio de Santa Escolástica, sito en Subiaco, amigo de Selva y bien progresista, acotó que todos los que allí se encontraban decían ser, en cierta manera, los profetas de aquel Mesías, preparando sus caminos, "lo que implica tratar de hacer sentir universalmente la necesidad de renovar todo lo que en nuestra religión es ropaje y no cuerpo de la verdad, aunque esta renovación sea dolorosa para algunas conciencias. *Ingemiscit et parturit!* Y hacer sentir todo eso permaneciendo en un terreno absolutamente católico, esperando las nuevas leyes de las autoridades viejas, pero demostrando que si no se cambian los vestidos llevados desde hace tanto tiempo y bajo tantas inclemencias, ninguna persona culta se acercará a nosotros".

Luego tomó la palabra un tal Minucci, quien confesó que una empresa tan ardua no podía dejar de provocar miedo. Con todo, no había que aflojar. "¡Queremos cosas demasiado grandes y las queremos demasiado fuertemente para tener temores humanos! ¡Queremos comulgar al Cristo vivo, los que sentimos que el concepto del Camino, de la Verdad y de la Vida, se dilata en nuestro corazón, en nuestra mente! ¡Y rompe tantas, ¿cómo diré?, viejas envolturas de fórmulas que nos atan, que nos sofocan, que sofocarían a la Iglesia si la Iglesia fuese mortal! [...] Nuestra fe se pierde en extensión, pero crece en intensidad [...], y puede expandirse fuera de nosotros, purificando, como el fuego, primero el pensamiento, y luego la acción católica [...] ¿Vacilaríais en servir a Cristo por miedo a Pedro? [...] ¿Masonería católica? Sí, Masonería de las catacumbas". Intervino aquí otro de los presentes, atemorizado por lo que estaba oyendo. "El señor ha nombrado a Pedro –señaló–. Me parece que aquí se está exhortando a salir de la barca de Pedro, quizás en la espera de poder caminar sobre las olas. Reconozco humildemente que no tengo bastante fe y pronto me iría al fondo. Quiero permanecer en la barca y, a lo más, emplear un pequeño remo, pues soy demasiado miedoso. Es, pues, necesario que nos separemos. No me queda sino pedirles perdón de haber venido". Lograron que esperara...

Otro de los asistentes a la reunión, el padre Selvati, un viejo escolapio, señaló la necesidad de que al movimiento reformador no se le diera un carácter excesivamente intelectual, para no turbar en su fe sencilla a una cantidad inmensa de almas no problematizadas. Intervino luego el padre Clemente, monje de Santa Escolástica, quien afirmó que deberían trabajar juntos los intelectuales y los hombres espirituales, sin dar pábulo al desánimo. Oficio de todos había de ser actuar como profetas de ese Mesías, de ese Santo, que reclamaba el padre Marinier. A toda costa era preciso llevar a cabo la renovación de la Iglesia, aunque ello resultara doloroso para muchas conciencias. Pero nunca olvidando que había de hacerse manteniéndose dentro de la Iglesia. Con estas palabras la reunión quedó cerrada. Cuando el padre Clemente retornó al monasterio, el abad le prohibiría volver a visitar a los Selva. "Son cristianos puros como el oro", le respondió el monje, con voz sumisa y doliente.

Fogazzaro quiso encarnar en la figura de Giovanni Selva, el anfitrión del encuentro, "el más legítimo representante italiano del catolicismo progresista", según lo afirma el mismo literato. A juicio del autor, la victoria del modernismo era cuestión de tiempo. De ahí que, en carta a Loisy, le manifestara su deseo de que se sometiese a la autoridad, en la seguridad de que, como le habían comentado muchos amigos italianos, las tesis condenadas serían un día aceptadas "por este catolicismo del futuro, positivo y místico a la vez, que nosotros tratamos de propagar cada uno en su campo".

Abundemos ahora en la consideración de la fisonomía de Benedetto, *il Santo*. El autor de la novela ve en su persona un notable exponente de la anhelada subjetivización de la experiencia religiosa frente al duro objetivismo del dogma, así como de la defensa del primado de la conciencia sobre la institución. Fogazzaro no creía tanto en una reforma de tipo grupal, fruto de un movimiento, tal como lo proponía Selva, sino más bien en la acción de un individuo, de una figura inédita, simple, virtuosa, y hasta algo excéntrica, como se nos muestra "il Santo" en su obra. Sólo un hombre así podía encabezar un movimiento de reforma. La elección de un laico para protagonizar dicha misión, en vez de un religioso, resulta altamente sintomática de la mentalidad del modernismo. Porque, fuera de algunas excepciones, los eclesiásticos parecían incapaces de llevar adelante la anhelada reforma. En la novela, los personajes de la Iglesia jerárquica que allí comparecen, se muestran alejados de toda voluntad renovadora; son pastores conformistas, hipócritas, o movidos por intereses personales y de casta, proclives a poner la proa a toda propuesta de cambio. Para llevar adelante el proyecto se necesitaba, pues, un Santo. Y, preferentemente, un santo laico.

Fogazzaro había presentado ya a Piero Maironi en dos obras literarias anteriores, *Piccolo mondo antico* y *Piccolo mondo moderno*. Maironi y Jeanne Dessalle, la hermana de Selva, actuaban en dichas novelas como amantes, si bien luego resolvieron separarse. Ahora Maironi, bajo el apodo monacal de Benedetto, integraba en calidad de huésped la comunidad de Santa Escolástica, en Subiaco. Allí había vivido durante tres años como hortelano de aquella casa religiosa, ganándose fama de un hombre muy espiritual, de virtudes heroicas, casi un místico. Mucha gente iba a verlo para hacerle consultas. Lo llamaban "il Santo". Era un hombre moderno, un santo moderno, un humanista sacro, secular, cultor de los valores de la Ilustración que se hallan en el meollo de nuestra civilización. Cierta vez alguien descubrió una carta suya que respondía a la que le había enviado un joven, preocupado por la situación de la Iglesia. ¿Había que irse?, le preguntaba. He aquí lo que Maironi le responde:

> Te has dirigido a mí pensando inconscientemente que la Iglesia no es sólo la jerarquía sino la universal asamblea de los fieles [...] Entendámonos. Yo no juzgo a la jerarquía, yo reconozco y honro la autoridad de la jerarquía; lo que digo es que la Iglesia no es sólo la jerarquía [...] Por lo demás, esa jerarquía de ideas invariables, que tiene el poder, no es todo. Bajo ella hay un montón de otras ideas, un montón de pensamientos que continuamente se mueven y se modifican por las impresiones y experiencias de la vida. Y bajo esos pensamientos hay otro rincón del alma, el inconsciente, donde fuerzas ocultas llevan adelante un trabajo oculto, donde suceden los contactos místicos con Dios [...] A veces el elemento tradicional de las ideas dominantes no se adecúa a

la Verdad, que es para ellas una perenne fuente de fresca vida que las renueva, un manantial de autoridad legítima fundada sobre la naturaleza de las cosas, sobre el valor de las ideas más que sobre los decretos de los hombres. La Iglesia es todo el hombre, no un mero conjunto de ideas eminentes y dominantes; la Iglesia es la jerarquía con sus conceptos tradicionales y el laicado con su continuo tocar la realidad [...] La Iglesia es un laboratorio de verdad siempre en acción y Dios manda que permanezcas en la Iglesia, que obres en la Iglesia, que seas, en la Iglesia, fuente de agua viva [...]

¿Cuál es tu fe, si hablas de salir de la Iglesia porque te ofenden esas doctrinas anticuadas de sus jefes, ciertos decretos de las Congregaciones romanas, ciertos rumbos del gobierno de un Pontífice? ¿Qué clase de hijo eres, tú que hablas de renegar de la madre porque no te agrada? [...] ¿Te turban los decretos del Índice o del Santo Oficio [...], o porque un Papa es contrario a la democracia cristiana? [...] "Amigos míos –dices–, hemos reposado a la sombra de este árbol pero ahora su corteza se resquebraja, su corteza se seca, el árbol morirá, vamos a buscar otra sombra". El árbol no morirá. Si tuvieras oído, oirías el movimiento de la corteza nueva que se forma, que tendrá, también ella, su período de vida, que se resquebrajará, que se secará, porque otra corteza la sucederá. El árbol no muere, el árbol crece [...] Amigos, escúchenme. Los escribas y los fariseos, los ancianos y príncipes de los sacerdotes celantes contra las novedades están en todo tiempo y también en esta hora. Dios los juzgará. Nosotros rogamos por todos aquellos que no saben lo que hacen. Pero quizás en el otro campo católico militante no se está sin pecado. En el otro campo se han embriagado con la idea de modernidad. La modernidad es buena pero lo eterno es mejor [...]

La carta era altamente comprometedora. Pues bien, al volver el padre Clemente de la reunión en casa de Giovanni Selva, el abad, que había sido nombrado poco tiempo atrás, le ordenó no sólo que no retornase a esa casa de campo, sino también que le comunicara a Benedetto que debía dejar la hospedería del monasterio. Clemente, que era el padre espiritual de Benedetto, lo admiraba, y ello desde hacía tiempo, viendo en él a un excelente operario del Evangelio, un "caballero libre del Espíritu", como lo calificaba. Así, pues, se sentía profundamente indignado por la decisión de su superior. En el trayecto hacia su celda, le iba pareciendo el monasterio como una institución cosificada, en "decrepitud inexorable". Enclaustrados en formas tradicionales, ya superadas, los monjes consumían su vida sin que un rayo de luz y de calor traspasase los muros del viejo monasterio. Allí no entraban las corrientes de aire que provenían del mundo real. ¡Y ahora el abad le encargaba que despidiera a Benedetto! Entendió entonces con toda claridad cómo la enseñanza monástica se encontraba "en tal antagonismo con su ideal de un santo moderno". Mejor para Maironi, pensó. En adelante podría vivir la obediencia, la pobreza y la castidad como un laico santo.

¿Por qué el nuevo abad había tomado una decisión tan tajante? Ante todo por haber caído en sus manos la comprometedora carta de Benedetto, donde revelaba sus connivencias modernistas. Pero también porque habiéndose enterado de que Jeanne Dessalle, la antigua amante de Maironi, estaba en las cercanías de Subiaco, no quería gente de ese tipo en las proximidades del monasterio. Y así se le presentó al abad una sola disyuntiva frente a Maironi, según se lo explicó luego al padre Clemente: o los votos monásticos o la expulsión. Recordó entonces este último lo que en aquella reunión había sugerido uno de los asistentes sobre la necesidad de que en el grupo de los "novadores" hubiese algún santo, un mesías, que preferentemente fuera laico. Benedetto reunía varias condiciones: era humilde, con apetencias místicas, y proclive al espíritu de reforma. ¿No sería, acaso, la venida de la señora Lassalle el hecho que abriría camino a esa vocación de Benedetto cuando dejara el monasterio?

Maironi, que nada sabía de la decisión del abad, se encontraba por aquel entonces en el hospital de peregrinos. Allí se dirigió el padre Clemente. Al verlo a Benedetto, le preguntó si en la oración el Señor no le había comunicado algo. "Estoy en su voluntad –le respondió– como una hoja seca al viento. Como una hoja que nada sabe". Tal disponibilidad era la que le daba fortaleza. Anteriormente el abad lo había acusado de haberse refugiado en Santa Escolástica para "comer el pan a expensas de los monjes"; se burlaba, asimismo, de sus visiones y presuntos "milagros" que le atribuía la gente de los alrededores, y le pedía que diese una prueba de que ya no era un pecador. Cuando le decía esas cosas, Benedetto se alegraba porque dichas palabras servían para humillarlo, pero a la vez le advertía al abad que la dureza no era buena, dado que en ella poco se reflejaba el Padre único y verdadero. "Deseé amores ilícitos; gocé de la pasión de una mujer que era de otro [...] Dios me llamó, y me alejé entonces de la mujer que amaba". Es cierto, reconoció, que luego volvió a ella. Pero ahora ya se había apartado del todo. En fin, el padre Clemente le comunicó la tajante decisión del abad. Tenía que abandonar el lugar, donde se había convertido en un espectáculo. Fue con ocasión de ello que daría comienzo a su misión providencial.

Dejó, entonces, el monasterio y también "el hábito" que solía llevar. Se requerían ya otras cosas, mucho más fundamentales. Había que cambiar el significado mismo del monacato. Era otro aspecto de la visión del modernismo frente al "medievalismo". El nuevo monje debía ser un humanista sacro-secular, dedicado a promover los valores de la Ilustración, "que se hallan en el corazón de nuestra civilización".

Forzado por los hechos, Benedetto se dirigió a Roma. En una mansión ubicada en via della Vite, en la zona del Aventino, perteneciente al profesor Mayda, lo tomaron de jardinero. La casa se encontraba cerca del monasterio benedictino de San Anselmo. "Era Maironi un *sant-uomo* adorado en todo el barrio –escribe Fogazzaro– porque visitaba a los enfermos, curaba a muchos, y hablaba de religión mejor que los sacerdotes, tanto que todos lo llamaban el Santo".

Un día, en aquella casa que lo acogía, se llevó a cabo una reunión secreta. Así describe el autor su comienzo: "A la caída de la noche un señorial carruaje se detuvo ante la casa [...] Dos damas descendieron de él precipitadamente y desaparecieron por una oscura puerta [...] En un cuarto de hora llegaron cinco carruajes más [...] Media hora más tarde comenzaron a venir del Corso grupos de hombres [...], unas cuarenta personas. Los últimos fueron dos sacerdotes. El que miró el número era miope y no consiguió leer las cifras. El otro, riendo, le dijo: «Entra. Percibo el mal olor de Lutero: debe ser aquí»". Cuando habían llegado todos los invitados, tomó la palabra Benedetto, el profeta del movimiento. Lo primero que hizo fue leer una carta que había recibido. "Hemos sido educados en la fe católica –comenzaba la misiva– y ya hechos hombres, hemos aceptado de nuevo, por un acto de libre voluntad, sus más arduos misterios, hemos trabajado por ella en el campo administrativo y social; pero en esta hora otro misterio se levanta en nuestro camino y nuestra fe vacila ante él. La Iglesia católica, que se proclama fuente de verdad, obstaculiza hoy la búsqueda de la verdad cuando esta búsqueda se lleva a cabo en sus fundamentos, en sus libros sagrados, en las fórmulas de sus dogmas, en su pretendida infalibilidad. Esto para nosotros significa que ya no tiene fe en sí misma.

La Iglesia católica, que se proclama ministra de la Vida, hoy encadena y sofoca todo lo que dentro de ella vive juvenilmente, hoy apuntala todas sus caducas decrepitudes. Esto para nosotros significa muerte; muerte lejana, sí, pero muerte ineluctable [...] ¿Qué debemos hacer?". El "reformador" respondió hábilmente, no mostrándose prescindente de la jerarquía. Pero enseguida aclaró: "La Iglesia no es solamente la Jerarquía". O, más astutamente aún: "La Iglesia es la Jerarquía con sus conceptos tradicionales y es también la sociedad laica perpetuamente en contacto con la realidad, actuando perpetuamente sobre la tradición".

Tal era el objeto de estas reuniones, aclara el autor, "hacer conocer a personas atraídas por Cristo, pero a los que repugnaba el catolicismo, lo que el catolicismo era verdaderamente", en la inteligencia de que las formas de la religión eran "modificables" según las reacciones de la "conciencia pública". Sin este correctivo, se les aclaraba, la Iglesia se estancaría inevitablemente, y tendería a autodestruirse. "Los católicos, eclesiásticos y laicos dominados por el espíritu de inmovilidad, creen agradar a Dios, como los judíos celosos que hicieron crucificar a Jesús. Todos los clérigos, el Santo Padre y también todos los hombres religiosos que hoy se oponen al catolicismo progresista, habrían hecho crucificar a Jesús de buena fe en nombre de Moisés. Son idólatras del pasado, desearían que en la Iglesia todo fuese inmutable".

Los conjurados estaban convencidos de que las pretensiones de inmutabilidad de la Iglesia, la formidable catedral dogmática edificada sobre la tradición, constituía una barrera infranqueable para los "innovadores". Por eso, como comenta Ploncard d´Assac, la primera tarea por realizar era hacer entrar en la opinión pública la idea de que la Iglesia debía cambiar, evolucionar. En su lecho de muerte, Benedetto dejaría esta consigna a los conspiradores: "¿Os digo que toméis públicamente el lugar de los Pastores? No. Que cada uno trabaje en su propia familia., que cada uno trabaje con sus amigos personales, que los que puedan, trabajen por medio de sus escritos. De esta manera, también vosotros prepararéis el terreno en que se forman los Pastores".

Pronto Benedetto tuvo problemas. Los benedictinos de San Anselmo, que mucho lo apreciaban, le rogaron que fuera a verlo al papa Pío X, que éste lo recibiría si le pedía audiencia. Así lo hizo. En su momento, Fogazzaro había esperado que con León XIII hubiese sido posible un entendimiento. No así con Pío X, ahora en la silla de Pedro. Sin embargo en su novela hizo que su protagonista lo visitase, a ver qué pasaba. Allí Maironi le declararía al papa lo que Fogazzaro le hubiera dicho.

La conversación fue como entre dos iguales. Benedetto se hizo portavoz de las ideas de Antonio Rosmini, recordándole al papa lo que aquél había escrito en *Delle cinque piaghe della Chiesa*. "Santo

Padre –le dijo– la Iglesia está enferma. Cuatro espíritus malignos han entrado en su cuerpo para hacerle guerra al Espíritu Santo. Uno es el espíritu de mentira, a veces bajo ángel de luz. Muchos fieles buenos y piadosos escuchan devotamente al espíritu de mentira creyendo escuchar a un ángel […] Santo Padre, hoy pocos cristianos saben que la religión no es principalmente adhesión del intelecto a fórmulas de verdad sino que es principalmente acción y vida según esas verdades […] Y aquellos que lo saben, los que tienen una fe ardorosa e impávida, los conozco, Santo Padre, son combatidos acremente, son difamados como herejes, son obligados al silencio, todo por obra del espíritu de mentira". Que el papa salga en ayuda de los buenos, que haga obispos a algunos sacerdotes tales y que entre ellos haya quienes integren el Sacro Colegio; no permita que el Índice o el Santo Oficio ataque a hombres que son el honor de la Iglesia. El segundo espíritu maligno, siguió diciendo Maironi, es el espíritu de dominación del clero, que hace de la obediencia la primera de las virtudes. Para evitarlo, haga que el pueblo elija a sus obispos. El tercero es el espíritu de avaricia. El cuarto, el espíritu de inmovilidad. "Todos los hombres religiosos que hoy se oponen al catolicismo progresista, habrían hecho crucificar a Cristo de buena fe, en nombre de Moisés. Son idólatras del pasado. Todo lo querrían inmutable en la Iglesia […] Contra el espíritu de inmovilidad, le suplico no permitir que sean puestos en el Índice los libros de Giovanni Selva". El papa se mostró reticente. Poco podía hacer, le dijo. Estaba enfermo. Después lo bendijo. El trámite no tuvo las consecuencias anheladas ya que luego los católicos progresistas siguieron siendo perseguidos por las autoridades eclesiásticas y las autoridades políticas.

Tal es la trama de la novela *Il Santo*, que en su momento fue un éxito editorial. En veinte días se vendieron 18.000 ejemplares. Tras leerlo, le escribió Loisy al autor: "Deseamos que su santo, seguido de muchos otros, existan pronto en otra parte que en la novela". Pronto la obra se tradujo al francés. Otro éxito. Pío X temía con razón la influencia de aquel escrito, sobre todo entre los jóvenes. Con frecuencia era uno de los libros preferidos para regalar a los seminaristas el día de su ordenación sacerdotal. El 19 de febrero de 1906 la obra fue puesta en el Índice. Fogazzaro aceptó la sentencia con "obediencia externa", porque entendía que a eso se limitaba su deber de católico. No faltaron quienes le dieron ánimo secretamente, entre otros un purpurado, el cardenal François-Désiré Mathieu, representante de Francia en Roma, quien le envió una carta que revela la penetración del modernismo en la misma jerarquía. "Un cardenal no puede desmentir a un tribunal romano [...] Haré todo lo posible para ir a saludarlo en Vicenza [...] Será necesario que esta visita se haga de incógnito, por el miedo de que yo también sea puesto en el Índice. Reciba, estimado señor, toda la respetuosa adhesión y toda la admiración de su humilde servidor". Fogazzaro cuenta que sus amigos de Italia y Alemania le decían que estaba actuando como lo habría hecho Benedetto. Al fin y al cabo, aseveraba uno de los modernistas, Ramón M. Tenreiro, traductor de Fogazzaro al español, ¿acaso el Índice no tenía por misión guardar celosamente "la intrincada maraña de tradiciones y leyendas"? Era, pues, lógico que lo condenasen al autor de *Il Santo*.

Bien entendía nuestro novelista, siempre de acuerdo con la estrategia reiterada una y otra vez por los modernistas, que salir de la Iglesia era condenarse a la impotencia. Sólo permaneciendo en ella podría cumplir su importante misión, que inspiraba el Espíritu Santo. Por eso cuando la novela fue condenada, creyó que no cabía rebelarse; "il faut les ignorer et continuer notre chemin", afirmó. De hecho, pidió que se guardase silencio sobre la decisión de la Santa Sede. Había que seguir avanzando, pero con cautela, hasta que pasara la noche.

Así lo hizo, efectivamente, si bien con no demasiada cautela. A principios de 1907 recorrió Francia, Suiza e Italia, pronunciando conferencias sobre "Las ideas de Giovanni Selva", el ideólogo de *Il Santo*, acompañado a veces por el padre Rómulo Murri, del partido democrático italiano, quien algunos años más tarde sería excomulgado. Entrevistóse, asimismo, con Marc Sangnier, a quien nos referiremos extensamente más adelante, cuyo movimiento *Le Sillon* se vería condenado tres años después. En una conferencia que pronunció en París, así describía al ideólogo de su novela: "Giovanni Selva pertenece al mundo de la realidad, como usted y yo. Le he inventado un falso nombre. Su nombre verdadero es Legión. Él vive, piensa y trabaja en Francia, en Inglaterra, en Alemania, en América y también en Italia. Lleva la sotana, el uniforme y la levita, se muestra en las universidades, se esconde en los seminarios, lucha en la prensa, reza en la sombra de los monasterios. Ya casi no predica, pero pronuncia todavía conferencias. Es exégeta e historiador, teórico y docto, periodista y poeta [...] Él cree constituir una energía vital en el seno de la Iglesia romana, en aquel organismo colosal del cual se dice en el mundo que tiene las arterias osificadas por la vejez, que ha perdido la facultad de adaptarse al ambiente y que está golpeado de ataraxia. Giovanni Selva no es de esa opinión. Él admite con gusto que su Iglesia da la impresión de ir envejeciendo, pero le atribuye un fondo inagotable de juventud renovada".

Pasara lo que pasase, *Il Santo* seguía siendo "la novela del movimiento", como la denominaría Tyrrell en una de sus cartas. Fogazzaro sentía profunda admiración por Tyrrell, "el hombre ante quien –decía– todos los Giovanni Selva del mundo se inclinan con veneración". Incluso tuvo la intención de organizar giras de conferencias con Tyrrell y Loisy. También a España llegó el influjo de Fogazzaro. Su novela, traducida al castellano, fue presentada por Ortega y Gasset. Al hacerlo, el pensador español señaló que consideraba "saludable" ese fermento modernista como expresión de un retorno al Evangelio, que, podando el "árbol dogmático, demasiado frondoso", permitiría una reconciliación de la Iglesia con la ciencia, y haría de ella "la gran máquina de educación del género humano". Fogazzaro era para él "un glorioso nombre del catolicismo militante"; al leerlo, confiesa, sintió "la emoción católica". La intención de los modernistas era, en su opinión, "alhajarnos la mansión solariega del Evangelio según el «confort» moderno, para que no echemos de menos nuestras nuevas costumbres mentales de crítica, de racionalidad". Destaca, asimismo, las dos dimensiones del modernismo: el exégeta y el santo, Juan Selva y Pedro Maironi. Por lo demás, a Ortega le parecía saludable "ejercitar la otra virtud moderna, la virtud política, el socialismo".

En otro lugar Ortega escribiría: "El hervor religioso que empuja por el mundo, temblando y ardiendo, el alma de Pedro Maironi, toda acongojada de misticismo, esponja de caridad, ha reanimado algunas cenizas que acaso quedaban ocultas en las rendijas de mi hogar espiritual [...] Mas esta forma del futuro catolicismo, predicada en *El Santo,* nos hace pensar a los que vivimos apartados de toda Iglesia: si fuera tal el catolicismo, ¿no podríamos nosotros ser algún día católicos?". De donde concluye: "Todo intento que fomente la venida de esa Iglesia parecerá simpático, tendrá derecho a que le ofrezcamos el rescoldo caliente de nuestros deseos y esperanzas".

En diversas ocasiones Fogazzaro reiteraría la consigna de los modernistas que se incluye en *Il Santo:* permanecer en la institución para introducir secretamente en su interior las nuevas ideas. Ello tanto en el campo político como en el religioso. "No es exiliándose de la patria –dice–, ni haciéndose desterrar por el gobierno como se consigue ejercer influencia en la legislación nacional para hacer derogar o modificar las leyes. La primera cosa que hay que hacer contra ellas es obedecerlas". Y refiriéndose a la Iglesia: "Hay que permanecer a toda costa en su interior para trabajar [...] Dejarse eliminar sería retardar el triunfo de nuestras propias aspiraciones en la Iglesia". Actuando así, pronosticaba que un día se vería "la autoridad en manos de hombres que piensen como nosotros". La "obediencia" a la Iglesia no era sino una apariencia estratégica para evitar ser expulsado de ella. No otra cosa era lo que advertían los columnistas de "L'Univers", la publicación de los tradicionalistas franceses: "Nuestros reformadores modernos creen que para realizar su obra tienen que permanecer a toda costa en el interior mismo de la Iglesia, cualesquiera sean las divergencias que se irán señalando cada vez más entre sus concepciones religioso-filosóficas y la fe católica; por sí mismos no abandonarán la Iglesia, buscarán realizar en ella sin ruido su trabajo de zapa y de disolución".

Recurriendo a una fórmula asombrosa, Fogazzaro declaraba que el agnosticismo moderno "estaba mucho mejor dispuesto hacia Cristo que hacia Barrabás", pero que se mostraba "sin embargo resignado a dejar morir el cristianismo, si insiste demasiado en proclamarse la verdad absoluta". En la revista "Rinnovamento", que se publicaba en Milán, y donde colaboraba Fogazzaro, se decía: "Si creemos posible una nueva civilización cristiana es con una sola condición, a saber, que el espíritu de Cristo signifique espíritu de liberación, sin que nadie lo sujete a teorías, hipótesis, o sistemas puramente suyos, sino que lo sienta cada uno en su corazón como un mandamiento inmanente de elevar su propia vida en todas las actividades". Y también: "La única apología posible hoy es la búsqueda misma".

Capítulo Tercero

LA RESPUESTA DE LA IGLESIA

Diversos fueron los pronunciamientos del Magisterio de la Iglesia para cerrar el paso al modernismo invasor. Expondremos los principales.

I. La encíclica *Vehementer Nos* (1906)

En el año 1906, Pío X hizo público un importante documento que aunque no se relaciona directamente con la herejía que nos ocupa, alguna conexión tiene con ella. De hecho varios modernistas adherirían a lo que el papa en él condena, si bien, a diferencia de lo que sucedió con el modernismo, el ataque al que el texto pontificio se refiere, provino del exterior de la Iglesia. Fue con motivo de un enfrentamiento entre la Iglesia y el gobierno republicano francés en torno al tema de las relaciones entre la Iglesia y el Estado. Pocos años atrás, el papa León XIII, para que los católicos no perdiesen todo influjo en la política, les había pedido un *ralliement* con la República. Dicha estratagema no sólo acabó en un fracaso para la Iglesia, sino que provocó un marcado malestar en las filas de los católicos militantes.

Mientras tanto, los masones fueron llevando adelante una serie de medidas hábilmente proyectadas en cadena, de las que León XIII fue testigo presencial. La fase final del conflicto quedó reservada para el pontificado de Pío X. En consecuencia de diversos enfrentamientos anteriores, el gobierno francés creyó llegado el momento de romper relaciones diplomáticas con la Santa Sede. Ello aconteció el 29 de julio de 1904. El año anterior, las Cámaras habían aprobado el proyecto de ley de separación de la Iglesia y el Estado. En su encíclica, Pío X condenó tanto la ley francesa concreta como la teoría general de dicha separación. La doctrina de la Iglesia era clara. La existencia de dos sociedades, la Iglesia y el Estado, implica, por cierto, una clara distinción entre ambas, pero dicha distinción no descarta en modo alguno la necesidad de una cordial colaboración. No se niega, pues, la justa separación de ambos poderes dentro de sus esferas jurisdiccionales respectivas, sino la pretensión del Estado de poder ignorar el orden sobrenatural, desconociendo tanto el carácter divino como los derechos de la Iglesia fundada por

Cristo. Un gobierno que se resista a aceptar dicho orden no sólo atenta contra la Iglesia sino incluso contra Dios, que está también en el origen de la sociedad política.

Citemos algunos textos del documento pontificio.

Comienza el papa expresando su gran preocupación y dolor, al ver la distancia que el Estado francés está tomando de su gloriosa tradición respecto de la Sede Apostólica, poniendo a Francia "en una situación indigna y lamentable". Sin embargo, agrega, ello era de prever, y la última decisión del Gobierno se ubica en una serie de medidas tomadas contra la Iglesia a partir de la Revolución francesa. Ya se había atentado contra la indisolubilidad del matrimonio, se había secularizado hospitales y colegios, se había despojado de sus bienes a Congregaciones religiosas, se había retirado todos los signos que tuviesen un significado religioso en los tribunales, las escuelas, el ejército. Tales medidas laicizantes habían ido distanciando de hecho la Iglesia del Estado, en camino hacia su completa separación legal, a que ahora se llegaba.

Tras esta constatación de índole histórica, el papa condena la tesis de la separación de la Iglesia y el Estado. ¿Cómo afirmar que el Estado no debe preocuparse para nada de la religión, ofendiendo así a Dios que ha establecido las sociedades humanas, y por ende no se contenta con el culto privado sino que espera también el culto público? Por lo demás, cuando el Estado se comporta así no hace sino negar el orden sobrenatural, limitando la acción del Estado a la pura inmanencia, en total despreocupación del fin último del ciudadano a él confiado, que es la vida eterna. "Tesis completamente falsa –señala el papa–, porque así como el orden de la vida presente está todo él ordenado a la consecución de aquel sumo y absoluto bien, así también es verdad evidente que el Estado no sólo no debe ser obstáculo para esta consecución, sino que, además, debe necesariamente favorecerla todo lo posible". Aquella tesis de la separación, agrega, niega el orden establecido por Dios, que exige una verdadera concordia entre las dos sociedades, la civil y la religiosa, ya que ambas ejercen su autoridad sobre las mismas personas. Por lo demás, tal postura daña gravemente al mismo Estado, porque éste no puede prosperar ni lograr estabilidad si desprecia la religión. La relación entre la Iglesia y el Estado es comparable a la que se da en el hombre entre el alma y el cuerpo.

El papa muestra su pesar de que unilateralmente Francia obre así. ¿No era acaso la primogénita de la Iglesia? ¿No había firmado hacía poco un Concordato con la Iglesia? Por lo demás, hay en todo ello una grave incongruencia. Si el Estado se separa de la Iglesia, ¿no hubiera sido esperable que la dejara en su entera independencia? Pero ello no ha sucedido, ya que se busca poner a la Iglesia, que es el Cuerpo místico de Cristo y una sociedad jerárquica, bajo el dominio de la sociedad civil. Incluso, según las nuevas disposiciones, el culto divino es puesto en manos de una asociación civil; a ella pertenecerá el uso de los templos, y hasta la administración de las colectas y legados que se destinen al culto, con lo que se coarta el poder de los pastores de las almas. Más aún, la nueva ley niega el derecho de propiedad que tenía la Iglesia, declarando del Estado todos los edificios que la Iglesia utilizaba con anterioridad al Concordato.

"Por todas estas razones, teniendo presente nuestro deber apostólico, que nos obliga a defender contra todo ataque y conservar en su integridad los sagrados derechos de la Iglesia, Nos, en virtud de la suprema autoridad que Dios nos ha conferido, condenamos y reprobamos la ley promulgada que separa el Estado francés de la Iglesia, y esto en virtud de las causas que hemos expuesto anteriormente [...] En consecuencia, protestamos solemnemente y con toda energía contra la presentación, votación y promulgación de esta ley".

Termina el papa exhortando a los obispos y al clero que prosigan el trabajo de formación de sus fieles, esclareciéndolos también en esta materia. Y a los laicos les dice: "Conocéis muy bien el fin que se han propuesto las sectas impías que os hacen doblar la cerviz bajo su yugo, porque ellas mismas lo han declarado con cínica audacia: borrar el catolicismo en Francia. Quieren arrancar radicalmente de vuestros corazones la fe que colmó de gloria a vuestros padres, la fe que ha hecho a vuestra patria próspera y grande entre las naciones". Será necesario que todos los seglares se unan en pro de la defensa de la fe conculcada. "Procurad que la unidad de pensamiento y la unidad en la acción sean tan grandes como se requiere en hombres que pelean por una misma causa".

II. El decreto *Lamentabili* (1907)

El documento que acabamos de comentar no tiene, según lo acabamos de señalar, especial atingencia a ningún error concreto del modernismo. Con todo, lo toca lateralmente, ya que de algún modo alude al ideario liberal democrático que también harían suyo no pocos personeros de aquella herejía.

La solemne condenación del modernismo no tardaría en llegar. Digamos, eso sí, que en los años precedentes no faltaron señales o anuncios que hacían presagiar como próxima la decisión pontificia. Desde los primeros tiempos del pontificado de Pío X, ya en diciembre de 1903, habían sido puestas en el Índice de los libros prohibidos las obras principales de Loisy. Algunos meses después, las encíclicas *Ad diem illud* (2 de febrero de 1904) y *Iucunda sane* (12 de marzo de 1904), ponían insistentemente en guardia contra aquellos "novadores" que con pretendido aparato científico querían poner en cuestión la historia de los comienzos del cristianismo. En diciembre del mismo año, el papa exhortó a los obispos a proceder firmemente con los seminaristas demasiado libres en su manera de pensar, "que no tuvieran el debido respeto de nuestra ciencia que provenía de nuestros grandes maestros, los padres y doctores de la Iglesia, intérpretes de la doctrina revelada". Algo semejante al año siguiente, en carta dirigida al rector del Instituto Católico de París. Por el mismo tiempo, dos destacados exégetas que enseñaban en Roma, fueron reemplazados en sus cátedras por dos profesores que rechazaban la aplicación de los llamados "métodos críticos" a los textos de la Sagrada Escritura. Por su parte, algunos obispos del norte de Italia publicaron, en diciembre de 1905, una pastoral colectiva donde por primera vez apareció la palabra "modernismo" en un documento eclesiástico. Tales advertencias fueron refrendadas por otros muchos obispos. Pocos meses antes, la Comisión del Índice había condenado *Il Santo* de Fogazzaro, al tiempo que se dispuso un severo control de los seminarios italianos, removiéndose a varios profesores de sus cátedras.

Por analogía con el acto célebre de Pío IX, al que nos referimos anteriormente, se comenzó a hablar por doquier de la necesidad de un nuevo *Syllabus*. En orden a ello se instituyó una comisión especial dentro de la Sagrada Congregación del Santo

Oficio, la que hizo público el decreto *Lamentabili*, que apareció el 3 de julio de 1907. Este documento se abre con un breve prefacio donde indica su propósito. Allí se deploran los "errores graves" que sostienen numerosos escritores católicos. Tales escritores, se dice, "traspasando los límites marcados por los Santos Padres y por la Iglesia misma, se dedican, so pretexto de alta crítica y a título de investigación histórica, a buscar un pretendido progreso de los dogmas, que no es en realidad más que su deformación" (n. 2). De ahí que le haya parecido bien al Santo Padre "hacer notar y reprobar los principales de entre ellos por este tribunal de la Santa Inquisición romana y universal".

Tras dicha introducción se denuncian 65 proposiciones, 50 de las cuales están tomadas de la obra de Loisy; las demás, proceden de Tyrrell y de Le Roy. Los errores se pueden agrupar en cuatro bloques. En el primero se contienen los referentes a la Revelación: rechazo de la inspiración divina de la Sagrada Escritura; independencia de la exégesis respecto del Magisterio; negación de la verdad histórica de los Evangelios, que narrarían sólo la experiencia religiosa de sus autores, etc. En el segundo conjunto se incluyen errores relativos a la Iglesia: negación de su institución por parte de Cristo; su estructura y sus dogmas serían mudables, a semejanza de cualquier sociedad humana; el catolicismo tradicionalmente entendido no resulta conciliable con la ciencia. En el tercer bloque se exponen errores relacionados con Cristo: propiamente no es cierta su concepción virginal, ni su resurrección, ni siquiera su divinidad, a menos que se entiendan como hallazgos de la experiencia religiosa, es decir, creación progresiva a partir de la conciencia de los fieles. Finalmente errores sobre los sacramentos: no son de institución divina sino disciplinar de la Iglesia, a veces bastante tardía, como la confesión y el matrimonio; en realidad no son sino una ayuda al alma como para que sienta la presencia siempre benéfica de Dios.

Detengámonos en algunos puntos. Por ejemplo en la idea que tenían de la exégesis. Un teólogo jesuita, el padre Brucker, decía que Loisy en sus clases "aceptaba toda la exégesis protestante". Ya hemos advertido páginas atrás que estaban generalmente de acuerdo en hacer suyos los postulados de la crítica kantiana y del protestantismo liberal. Dios es inaccesible a la inteligencia, la revelación es imposible, los dogmas no son más que la expresión del sentimiento religioso individual, y, por tanto, revisables con el tiempo. Es cierto que los nuevos herejes hablaban mucho de la fe. Pero se trata de una fe completamente subjetiva, sin asidero histórico alguno, ya que no consiste sino en un sentimiento religioso, fruto de la necesidad que el hombre experimenta de Dios. De ahí lo que se condena en la proposición 25: "El asentimiento de la fe descansa en último término en un conjunto de probabilidades" El influjo kantiano se deja advertir en su concepción gnoseológica según la cual en nuestro conocimiento no hay otra realidad que la apariencia o el fenómeno. No podemos saber con certeza que Dios haya hablado a los hombres. Loisy decía que "la Revelación consiste en ideas nacidas en las ideas de la humanidad"; en resumidas cuentas, no es otra cosa que "la conciencia adquirida por el hombre de su relación con Dios", ya que, señala, "la revelación, como Dios mismo, es inmanente al hombre". La fe no se apoya, así, en la autoridad del Dios que revela, sino en un sentimiento interior. Por eso, concluía aquel autor, "la Iglesia se ve obligada a cambiar sus fórmulas dogmáticas por medio de distinciones, muchas veces sutiles, adaptando continuamente el Evangelio a la condición perpetuamente mudable de la inteligencia y de la vida humana". El cristianismo pasa a ser, de este modo, una pura "religión del espíritu", sin dogmas ni ritos. No en vano Loisy le diría en carta a Houtin, "mi posición es la misma que la de los protestantes liberales". De hecho estos últimos apoyaron el movimiento modernista.

Entre las opiniones que denuncia el documento encontramos la siguiente: "La interpretación de los libros sagrados hecha por la Iglesia no es ciertamente despreciable, pero está sometida a juicio más depurado y a la corrección de los exégetas" (n. 2). Porque la Iglesia no tiene autoridad magisterial: "En la definición de las verdades de tal modo colaboran la Iglesia discente y la docente, que nada queda a la docente sino sancionar las opiniones comunes de la discente" (n.6). Es la democracia que se impone al magisterio.

El documento muestra la idea que el modernismo tiene de *la figura de Jesús*: "La divinidad de Cristo no se prueba en los Evangelios, sino que es un dogma que la conciencia cristiana ha deducido de la noción de Mesías" (n.27). Tal afirmación retoma la tesis de Renan quien, basándose en presuntas contradicciones del Evangelio, concluía que Jesús fue un mero hombre, si bien, notaba, colocado en una posición que tenía algo de sobrehumano; sólo así se puede afirmar que poseía también algo de divino, "porque Jesús ha sido –señala– quien ha hecho dar a su especie el paso más grande hacia lo divino". Según Loisy, recordémoslo, "la divinidad de Jesús no es un hecho, cuya realidad pueda comprobarse históricamente; es únicamente una creencia acerca de la cual el historiador no puede hacer otra cosa que averiguar su origen y manifestar su desenvolvimiento". De ahí que Jesús no es Dios, sino por la fe. Sin duda que Arrio no hubiera tenido dificultad en aceptar dichas afirmaciones.

En el telón de fondo de tales doctrinas está la negación de *la autoría divina de la Sagrada Escritura*. Así se lo señala en el número 9 del documento: "Los que creen que Dios es verdaderamente autor de la Escritura dan prueba de mucha simplicidad e ignorancia". La idea de que el autor humano haya sido "inspirado" por Dios estaba bien cuando la gente consideraba a Dios como "un maestro de escuela", que dictaba los textos. Además, los evangelios sinópticos en gran parte están interpolados; "por consiguiente no ha quedado en ellos más que un ligero e incierto vestigio de la doctrina de Cristo" (n. 15). En la que toca al evangelio de Juan, resulta evidente que no es fidedigno. De ahí lo que se condena en la proposición 12: "El exégeta, si quiere dedicarse útilmente a los textos bíblicos, debe ante todo prescindir de toda idea preconcebida sobre el origen sobrenatural de la Sagrada Escritura, y no interpretarla de distinta manera que a los otros documentos meramente humanos". Y la proposición 13: "Las parábolas del Evangelio las compusieron artificiosamente los mismos evangelistas y los cristianos de la segunda y tercera generación".

Como lo señalamos más arriba, varias proposiciones se refieren al *misterio cristológico*. Así, en la 31 leemos: "La doctrina sobre Cristo que nos enseñan Pablo, Juan, y los Concilios Niceno, Efesino y Calcedonense, no es lo que Jesús enseñó sino lo que de Jesús la conciencia cristiana concibió". Ya Fernando C. von Baur, célebre profesor protestante de Tubinga, había sostenido que hubo tres momentos en la enseñanza cristiana sobre el Señor. En el primero, que se expone en los tres evangelios sinópticos, Jesús aparece como un puro hombre; en el segundo, concretado en San Pablo, Jesús es presentado como alguien más que un puro hombre, pero sin llegar a ser considerado Dios; en la tercera fase, advertible en Juan y su cuarto evangelio, se lo muestra descaradamente como Dios. Loisy, por su parte, se atrevió a afirmar: "Cristo no ha enseñado la cristología de Pablo, ni la de Juan, ni la doctrina de Nicea, Éfeso y Calcedonia".

La proposición 29 es la consecuencia lógica de la 31: "Se puede conceder que el Cristo que muestra la historia es muy inferior al Cristo que es objeto de la fe". El fautor de esta idea es también Loisy, quien en su opúsculo *Autour d´un petit livre* explica su célebre distinción entre la fe y la historia. La racionalidad atiende a la verdad histórica, la Iglesia sólo se ocupa de la fe y de los dogmas que de ella se derivan. Según dicha distinción, puede darse el caso de que una verdad de fe sea un error histórico; es cierto por la fe que Cristo es Dios, pero históricamente es falso. Para Loisy, cuando la revelación presenta a Jesús como "Hijo de Dios" quiere señalarlo como "Mesías". De modo que siempre que en los evangelios se le da el nombre de Hijo de Dios hemos de decir una de estas dos cosas: o que no es auténtico el pasaje, si se refiere a una filiación divina natural, o que, si lo es, se trata simplemente de un sinónimo de Mesías.

La dicotomía entre *fe e historia* se encuentra también expresada en la proposición 3: "De las sentencias y censuras eclesiásticas contra la exégesis libre y más culta se puede inferir que la fe propuesta por la Iglesia está en contradicción con la historia, y los dogmas católicos no se concilian realmente con los verdaderos orígenes de la religión cristiana". Loisy gustó oponer la fe a la historia y también la fe a la ciencia. "La crisis de la fe –escribía– ha nacido de la oposición cada día más patente entre lo que la Iglesia propone como verdades de fe y lo que los sabios nos presentan como verdades científicas". Sólo los exégetas modernistas han alcanzado la genuina inteligencia de las palabras y hechos de Cristo; la Iglesia, en cambio, sólo busca dar pábulo a la fe y devoción de sus hijos, y así crea los llamados dogmas.

La contradicción que establecen los modernistas entre fe e historia se manifiesta de manera palmaria cuando se refieren a *la resurrección de Jesús*, según queda expresado en la proposición 36: "La resurrección del Salvador no es propiamente un hecho de orden histórico, sino un hecho de orden puramente sobrenatural: ni está demostrado, ni es demostrable; la conciencia cristiana lo ha deducido poco a poco de otros hechos". Opónense así a San Pablo quien decía: "Si Cristo no resucitó, vana es nuestra fe" (1 Cor 15,14). Loisy fue en esto taxativo: "Creo haber demostrado que la resurrección del Salvador no es un hecho de orden propiamente histórico, como lo ha sido la vida terrestre de Cristo, sino un hecho de orden puramente sobrenatural, supra-histórico, ni demostrable, ni demostrado por el solo testimonio de la historia". Ya antes había escrito: "Cristo resucitado no pertenece al orden de la vida presente, que es el de la experiencia sensible, y, por lo tanto, la resurrección no es un hecho que se haya podido comprobar directa y formalmente [...] La entrada de un muerto a la vida inmortal escapa a la observación". Y refiriéndose a las pruebas históricas: "El descubrimiento del sepulcro vacío y las apariciones de Jesús a sus discípulos, en cuanto tales hechos se aducen como prueba física de la resurrección, no son un argumento indiscutible capaz de producir en el historiador una completa certeza de que el Señor haya resucitado corporalmente". Y también: "Además, Jesús resucitado aparecía y desaparecía como los espíritus, si bien durante la visión era visible y palpable, como otro hombre cualquiera en el estado natural. Esta mezcla de cualidades no puede inspirar completa confianza a quien estudie la cuestión falto de fe [...] De ahí que, si se considera independientemente de la fe de los Apóstoles, el testimonio del Nuevo Testamento no da de suyo más que una probabilidad limitada que no guarda proporción con la experiencia del hecho". En otras palabras: la resurrección de Cristo no está históricamente demostrada; los datos en su favor son de suyo insuficientes, por lo tanto es indemostrable. Aun a priori es indemostrable, ya que se trata de un hecho puramente sobrenatural. La conciencia cristiana lo dedujo de otras verdades.

La *Lamentabili* abunda en esta materia, absolutamente capital. Por ejemplo, en la proposición 37: "La fe en la resurrección de Cristo, al principio no tanto fue del hecho mismo de la resurrección, como de la vida inmortal de Cristo con Dios". Para Loisy, "la fe en Jesús resucitado es una continuación de la fe en Jesús Mesías", o, según dice en otro lugar, "una simple evolución de la fe mesiánica". De manera aún más explícita: "El primer obstáculo que puso en prueba la creencia de los Apóstoles en el Mesías fue la muerte inopinada e ignominiosa de Jesús; pero fue sobrepujado y vencido por la fe en la resurrección". A su juicio, esa fe no fue sino una percepción de orden religioso, que de ninguna manera pudo pertenecer a la historia, "una elaboración del entendimiento bajo la presión del corazón, del sentimiento religioso y moral". Las apariciones ulteriores merecen poco crédito para el historiador; no se recurrió a ellas sino para asegurar la inmortalidad del Señor.

Según lo señalamos párrafos atrás, los modernistas cuestionan particularmente el cuarto evangelio. Ello se trasunta en la proposición 16: "Los relatos de San Juan no son propiamente historia, sino una contemplación mística del Evangelio, y los discursos contenidos en su Evangelio son meditaciones teológicas acerca del misterio de la salvación, destituidas de toda verdad histórica". Porque Dios no puede tener un Hijo, o, al menos, ello no puede ser demostrado históricamente. El concepto de Logos, que se encuentra en el prólogo de dicho Evangelio, se origina en la filosofía de Platón, cultivada por Filón, en quien se basa Juan, un autor idealista o simbolista.

El argumento principal del modernismo en esta materia es *la oposición que cree encontrar entre el evangelio espiritualista de Juan y las narraciones históricas de los sinópticos*. En éstas, aseveran, Cristo es presentado como un maestro, un profeta, el Mesías. En Juan se muestra como un taumaturgo, que deja estupefactos a todos. El Cristo de los sinópticos es un ser humano, de carne y hueso; el de Juan, un ser extraordinario, que no es de la tierra sino del cielo, y que parece hablar sólo para verificar que es Dios, que se identifica con Dios. Por el hecho de haber escrito su evangelio después que los otros tres evangelistas, y habiendo conocido las especulaciones gnósticas de la época en que vivió, quiso resaltar el elemento divino de Cristo, que los otros evangelistas no habían puesto en claro. Él mismo lo dejó dicho: "Estas cosas [los milagros] han sido escritas para que creais que Jesús es el Mesías, el Hijo de Dios, y para que creyendo tengais vida en abundancia" (20,31). Como se ve, su evangelio tenía un fin esencialmente teológico o, si se quiere, simbólico, mientras que los sinópticos persiguieron un fin más bien ético, moral.

De allí concluye Loisy: "He aquí por qué la Sinopsis y el cuarto Evangelio son dos representaciones opuestas de la enseñanza y de la vida entera de Cristo, entre las cuales la crítica se ve obligada a hacer una selección imparcial y desinteresada: si Jesús habla y obra como en los sinópticos, no puede, no pudo hablar y obrar como en San Juan".

Ya lo había dicho Renan: "El cuarto Evangelio nos presenta un cuadro de la vida de Jesús muy diferente del de los sinópticos [...] La diferencia es tal, que resulta necesario hacer una selección; si Jesús hablaba como quiere San Mateo, no pudo hablar como quiere San Juan". Y como la tradición sinóptica tiene más pruebas en apoyo de su historicidad, podrá concluirse que no es Jesús quien habla en San Juan, sino más bien el evangelista, dando una peculiar interpretación a sus sermones. Se equivocan, por cierto, Renan y Loisy. El Cristo de San Juan no es sólo un Cristo místico, el Cristo de la fe, sino también un Cristo bien humano. Juan lo presenta mezclado con los hombres, hablando y obrando como hombre, asistiendo a una comida, llorando, cansado en el camino, atemorizado al pensar en su pasión...

En la proposición 21 se condena el siguiente aserto sobre *la revelación y los dogmas*: "La revelación, que constituye el objeto de la fe católica, no se completó con los Apóstoles", por lo que, como se señala en la proposición 22: "Los dogmas que la Iglesia presenta como revelados no son verdades venidas del cielo, sino una interpretación de hechos religiosos que la inteligencia humana ha elaborado con trabajoso esfuerzo". La idea proviene también de Loisy, según el cual la percepción de las verdades religiosas es un trabajo de la inteligencia, llevado a cabo, por así decirlo, "bajo la presión del corazón, del sentimiento religioso y moral, de la voluntad real del bien". Así, pues, la inteligencia del cristiano, impulsada por el sentimiento religioso como por un misterioso resorte, transfigura, y, si es necesario, desfigura los hechos religiosos, interpretando e idealizando sus elementos exteriores y físicos –el "fenómeno", que es objeto de la historia– para llegar así a elaborar una realidad dogmática, que se vuelve de este modo objeto de la fe católica. Para tomar un ejemplo, ¿cómo se llegó al dogma de la divinidad de Jesús? A partir del hombre visible, que describen los Evangelios, guiados los fieles por su innato sentimiento religioso, atendiendo a las extraordinarias cualidades de Jesús y a su obra, lo elevan por sobre los demás hombres, declarándolo Dios. De allí brotaron los dogmas de la cristología. Algo semejante ha acontecido con los otros dogmas: el de la Trinidad, la institución de la Iglesia, los sacramentos, definidos por los diversos concilios ecuménicos. De donde hay que deducir que dichas fórmulas encierran una verdad relativa, no absoluta, y por ende no piden un asentimiento definitivo.

La Iglesia jerárquica pone, pues, su magisterio al servicio de los hombres religiosos. Lo hemos recordado páginas atrás: "En la definición de las verdades –se lee en la proposición 6– de tal modo colaboran la Iglesia discente y la docente, que nada queda a la docente sino sancionar las opiniones comunes de la discente". Todos colaboran, siendo la autoridad algo así como el centro de repercusión del trabajo de los fieles. No otra cosa afirmaba

Fogazzaro en su *Il Santo*. Tras haberse referido el novelista italiano a los esfuerzos de los creyentes en el curso de los siglos, escribe: "De todos estos elementos individuales se va formando poco a poco una síntesis colectiva; y aunque a la Iglesia jerárquicamente pertenece el formular los resultados que le parezcan haberse adquirido, no obstante, ella no es más que el órgano de un pensamiento que no ha creado, y el intérprete de un movimiento cuyos frutos recoge sin que haya tenido el monopolio y mucho menos su iniciativa". Se esconde aquí una concepción "democratizante" del magisterio. Según los modernistas, éste ha recibido su autoridad de los fieles: sintiendo éstos la necesidad de una institución que los dirigiera, encomendaron dicha función a la Iglesia docente. Por lo tanto, cuando el magisterio aprueba las opiniones mayoritarias del pueblo cristiano, no hace más que manifestar su parecer acerca de una verdad, una manifestación importante, sin duda, pero, en última instancia, meramente "armonizante" y "coordinadora". La palabra *definición* cobra así un sentido muy diverso del que le da el Magisterio: es el acto que perfecciona la inmanencia, que satisface los resultados de la conciencia colectiva, del sentimiento colectivo.

El documento alude también a los errores sobre *el misterio de la Iglesia*. Para los modernistas, la Iglesia es una institución puramente humana, y como tal, sujeta a todo género de cambios a lo largo de la historia. Por lo demás, Jesús no intentó jamás fundar una Iglesia estable que debiera durar hasta el fin del mundo. Así leemos en la proposición 52: "Fue ajeno a la mente de Cristo constituir la Iglesia como una sociedad sobre la tierra que había de durar una larga serie de siglos; antes bien, en la mente de Cristo el fin del mundo y el reino del cielo eran igualmente inminentes". Como de hecho no se instauró el reino próximamente anunciado, se lo sustituyó con la Iglesia, a la que Jesús le encomendó anunciarlo y predicarlo hasta el fin de los tiempos, en que se verificaría dicho proyecto con la venida gloriosa del Hijo de Dios a la tierra, para juzgar a los hombres. Por lo demás, nunca pensó Jesús en que la Iglesia tuviese una cabeza visible. Lo señala la proposición 55: "Simón Pedro ni sospechó siquiera jamás que el primado de la Iglesia le hubiera sido encomendado por Cristo". Asimismo, la Iglesia romana, según se agrega en la proposición 56, "no se hizo cabeza común de las demás Iglesias por ordenación de la Divina Providencia, sino por condiciones meramente políticas". Al ver los cristianos de la antigüedad la convergencia de las diversas comunidades cristianas en la Iglesia con sede en Roma, pensaron en atribuir el origen del Primado a un mandato del mismo Jesucristo.

En cuanto a *los sacramentos,* sostienen los modernistas que no son de institución divina sino un invento del siglo IV. Los nuevos estudios, se señala en la proposición 39, muestran que no es como enseñó el Concilio de Trento, y en la 40 se aclara que "tuvieron su principio en la interpretación que los Apóstoles y sus sucesores, aleccionados y movidos por circunstancias y acontecimientos, dieron a cierto bosquejo e intención vaga de Cristo". Porque Jesús, explican, sorprendido por una muerte inesperada, justamente cuando creía próximo el reino mesiánico, no pudo pensar en introducir para tantos siglos el culto cristiano, así como no reguló formalmente la constitución y los dogmas de la Iglesia. Fue la necesidad la que creó los sacramentos, porque es imprescindible a toda religión tener formas externas de culto. Por lo demás, especifican los modernistas, los sacramentos no son signos que confieren una gracia especial, sino más bien medios para excitar la piedad (cf. proposición 41).

Las proposiciones 42 a 51 exponen la doctrina modernista sobre cada uno de los siete sacramentos. Así el bautismo, la confirmación y la penitencia aparecen como productos de una evolución en la disciplina de la Iglesia, que poco a poco los fue introduciendo en su culto; el matrimonio no se conoció como sacramento hasta pasado mucho tiempo; el sacerdocio nació de aquellas cenas que celebraban los cristianos; a quienes las presidían llamaban "sacerdotes". Y de modo semejante los demás sacramentos.

El documento termina condenando la teoría modernista de *la relatividad de la doctrina católica*, que de hecho habría ido variando a lo largo de los siglos. Así se lee en la proposición 59: "Cristo no enseñó un determinado cuerpo de doctrina aplicable a todos los tiempos y a todos los hombres, sino más bien inició un cierto movimiento religioso, adaptado o capaz de adaptarse a los diversos tiempos y lugares". Porque si Cristo no fundó una Iglesia, menos pudo soñar en confiarle una doctrina. Lo que puso en marcha fue un cierto movimiento religioso, apto para ir cambiando a lo largo de los siglos. De donde lo que se afirma en la proposición 60: "La doctrina cristiana al principio fue judaica, mas por evoluciones sucesivas pasó a ser paulina, luego juanista, y finalmente helénica y universal". Ya Loisy había sostenido que en los tiempos de Jesús no era el cristianismo una religión distinta, sino que el evangelio por Él predicado no resultaba inteligible más que como "un movimiento religioso producido en el seno del judaísmo para realizar perfectamente sus principios y esperanzas". Lejos, pues, de Él la pretensión de imponer nuevas doctrinas y preceptos, que debían iniciar una religión nueva. Pero como, al margen de lo previsible, mataron a Jesús, sus seguidores se vieron obligados a elaborar a lo largo de los siglos las nuevas doctrinas que ahora conocemos.

Loisy se había referido a diversas etapas críticas para la Iglesia en su obra *Autour d'un petit livre*. Allí señala que la primera de esas pruebas fue la misma muerte ignominiosa de Jesús, que fue superada por la fe en la resurrección, más propiamente, en la vida inmortal del Crucificado. La segunda prueba la constituyó la entrada de la nueva fe en el mundo de los pueblos gentiles. A los judíos se les había dicho: Jesús es el Mesías preanunciado por los profetas. ¿Qué se les diría a los gentiles? Que en la persona de Jesús se esconde un significado universal. Su muerte es la expiación que reconcilia con Dios no sólo a los judíos sino a la humanidad entera. En este contexto se despliega la especulación judeo-alejandrina, identificando el Dios de los judíos con el Dios de los filósofos griegos. Para Filón, por ejemplo, el Logos no era sino la Sabiduría de que se habla en el Antiguo Testamento, que asistió al Creador en todas sus obras. Atrevidamente Pablo asigna este puesto a Jesucristo, imagen del Dios invisible, dice, por quien y para quien todo ha sido hecho, y en quien todo subsiste. El autor del cuarto evangelio descubre la misma revelación del Logos, del Verbo divino, encarnado en Jesús, camino, verdad y vida. Poco a poco se fueron juntando todos estos elementos, "la realidad de la historia evangélica, la teoría de Pablo y la de Juan, para hacer un sistema coordinado". En su otro libro, *L'Évangile et l'Église*, Loisy afirma: "La Iglesia corrige sus fórmulas dogmáticas con distinciones a veces sutiles, pero obrando así, continúa lo que ha venido obrando desde el principio: adapta el Evangelio a la condición perpetuamente mudable de la inteligencia y vida humana".

La proposición 54 es categórica: "Los dogmas, sacramentos y jerarquía, tanto en lo perteneciente a su noción como a la realidad, no son sino interpretaciones y evoluciones de la inteligencia cristiana, que desarrollaron y perfeccionaron el exiguo germen oculto en el Evangelio". Por tanto, según se dice en la proposición 59, "Cristo no enseñó un cuerpo determinado de doctrinas aplicable a todos los tiempos y a todas las edades". Los Apóstoles, a la muerte de Jesús, no estaban en posesión de una doctrina y de una sociedad definidas; sólo tenían rudimentos de doctrinas y de creencias que se fueron definiendo y perfeccionando cada vez más. ¿Qué es, en una palabra, el dogma para los modernistas? No un cuerpo de doctrinas reveladas, objetivo, fijo, absoluto e irreformable, sino más bien un símbolo evocador y sugestivo de la "realidad incognoscible".

Se le ha reprochado al Santo Oficio haber falsificado las sentencias de diversos autores. Es no entender el sentido del decreto, en el que lo que se pretendía, al no nombrar a nadie, era condenar las proposiciones generales que se incluían en el modernismo. A pesar de dicha indeterminación, que fue sin duda voluntaria, no es menos cierto que el decreto *Lamentabili* fue realmente oportuno, ya que denunciaba errores muy reales y peligrosos. La palabra "modernismo" aún no aparece en el texto, pero allí se denuncia una serie de errores cuya existencia y difusión mostraban numerosos escritos de aquellos tiempos. De hecho, este primer acto del magisterio católico sobre el fenómeno modernista contribuyó a la iluminación de personas que se sentían desconcertadas o estaban siendo contagiadas por las ideas dominantes, al tiempo que fijó para el futuro las posiciones doctrinales de la Iglesia.

III. La encíclica *Pascendi* (1907)

Pío X había comprendido muy bien el peligro que corría la Iglesia, como lo demostró el 17 de abril de 1907, poco antes de la publicación del decreto *Lamentabili*, cuando denunció a quienes pretendían volver a lo que denominaban "el puro Evangelio", es decir, "descargado, como dicen, de las explicaciones de la teología, de las definiciones de los Concilios, de las máximas de la ascética [...], mas de una manera nueva, sin rebelarse para no ser separados, pero sin someterse para no faltar a sus propias convicciones [...] Todos estos errores se propagan en opúsculos, revistas, libros ascéticos y hasta en novelas".

El papa se había referido ya repetidas veces a estos errores, en algunas ocasiones con delicadas advertencias, en otras con exhortaciones paternales y reiterados reclamos. Tras larga espera, desilusionado en sus expectativas de convencer a los que se iban apartando de la doctrina tradicional y entendiendo cabalmente el peligro que acechaba a toda la Iglesia, resolvió dar el gran paso: hacer pública una encíclica refrendando solemnemente la doctrina de siempre.

Para la redacción de la encíclica proyectada el papa fue ayudado por diversos allegados suyos, en especial por el Secretario de Estado, Rafael Merry del Val, que era con el papa, como dice un biógrafo suyo, *cor unum et anima una*, y ello a lo largo de once años de ásperas luchas en múltiples frentes. Fue el 8 de septiembre de 1907 cuando Pío X promulgó la encíclica *Pascendi dominici gregis*, dedicada expresamente a rebatir las "doctrinas modernistas". Hay quien ha visto en la *Pascendi* de Pío X una especie de prolongación del *Syllabus* de Pío IX. En éste, la Iglesia había declarado su incompatibilidad con "la civilización moderna"; ahora señalaba su incompatibilidad con el "modernismo". En el *Syllabus,* Pío IX había condenado la posición de quienes intentaban conciliar el espíritu del Evangelio con el mundo moderno, nacido de la Revolución francesa; allí, observa Émile Poulat, el papa quiso denunciar los errores *ad extra*, que corrían por aquel entonces. Pío X, en cambio, golpeó un fenómeno *ad intra*, denunciando los errores que se habían infiltrado en el interior de la Iglesia, tomando en ellas formas y raíces. El cardenal Tarsicio Bertone, actual Secretario de Estado de la Santa Sede, ha afirmado que la misma suerte le tocaría a Pío IX por su antirisorgimentismo que a Pío X por su valiente batalla contra el modernismo.

El modernismo, ha señalado el padre Lebreton, tiene una peculiaridad: "No es una herejía de escuela, de la que tengan que preocuparse sólo los profesionales; es un cristianismo nuevo, que destruye por la base la antigua construcción de la fe, y pretende reconstruirla sobre un nuevo fundamento".

La encíclica llama la atención por el hecho de que intentó –y lo logró, sin duda– *sistematizar* la doctrina de los modernistas, cosa de por sí nada fácil. Al documento pontificio se le ha recriminado el haber querido considerar el modernismo como un sistema compacto, como un cuerpo organizado de doctrinas vinculadas entre sí por lazos lógicos y rigurosos, cual si hubiese sido la obra de un grupo en que las tareas hubiesen estado perfectamente distribuidas como para llegar a un resultado común. Así algunos de ellos se habrían dedicado a la filosofía, otros a la exégesis, etc. Escribiendo setenta años después de la publicación de la *Pascendi*, Claude Tresmontant juzga, en visión retrospectiva, que ello no fue así. Lo que se ha dado en llamar "el modernismo", afirma, no es más que un efecto de conjunto al que han contribuido personas muy diversas que, si bien se conocían entre sí, no se habían "concertado" para arribar a los resultados a que de hecho llegaron. Más aún, con frecuencia discrepaban en puntos fundamentales. Lo que no obsta a que hubiesen partido de supuestos comunes de orden filosófico y teológico. Quizás no eran plenamente conscientes de ello, pero resulta innegable que cierta lógica general, o presupuestos comunes presiden el fenómeno del modernismo.

Hay, pues, algo de verdad, concluye Tresmontant, cuando el autor de la encíclica lo trata como un sistema compacto. Por lo demás, los cultores del modernismo nacieron y se formaron en un medio intelectual común, respirando la atmósfera propia de finales del siglo XIX, que se abrevaba en Kant, los idealistas alemanes, el positivismo de Comte y el materialismo de no pocos científicos. Asimismo resulta obvio que varios de ellos no habían recibido una formación filosófica y teológica suficiente.

Uno de los cabecillas del movimiento, el padre Ernesto Buonaiuti, reconoció que el documento pontificio fue "la única reducción a la unidad de múltiples tendencias comprendidas bajo el nombre genérico de modernismo". El mismo padre afirma que "el modernismo ha sido mucho más y mucho mejor una postura (*attegiamento*) de almas, más que un sistema y una confesión religiosa". Su designio fue, nos dice de Haro, "bautizar" la cultura y la sociedad modernas, con el consiguiente reniego de la Iglesia y de la tradición católica, "en nombre de un Cristianismo abierto a las exigencias del mundo contemporáneo".

Según el padre Cornelio Fabro, la *Pascendi* puede ser considerada, por su estructura fuertemente teorética y también por su inconfundible estilo, "el monumento más insigne del pontificado de Pío X". El texto pontificio fue inesperadamente elogiado en razón de su nivel intelectual y de su coherencia, por el filósofo Giovanni Gentile, quien escribió que era "una magistral exposición y una crítica magnífica de los principios filosóficos de todo el modernismo". La acusación de que había desfigurado las propuestas de aquella tendencia, señala, no es admisible. Y agregaba: "El autor de la encíclica ha visto hasta el fondo e interpretado exactamente la doctrina que se escondía en las exigencias filosóficas, teológicas, apologéticas, críticas, sociales de la corriente modernista". Lo que así comenta Augusto del Noce: "Juicio perfecto porque efectivamente la *Pascendi* define de manera insuperable la esencia del modernismo".

Adentrémonos en la consideración de este importante documento del Magisterio. El exordio ya es revelador: "Al oficio de apacentar la grey del Señor que nos ha sido confiado de lo alto, Jesucristo señaló como deber primero el de guardar con suma vigilancia el depósito tradicional de la santa fe, tanto contra las novedades profanas del lenguaje como contra la oposición de una falsa ciencia". Por cierto, prosigue el papa, "no ha habido época alguna en que dicha vigilancia no hubiese sido necesaria, ya que nunca han faltado personas movidas por el demonio [...] Pero es preciso reconocerlo, en estos últimos tiempos ha crecido extrañamente el número de los enemigos de la cruz de Cristo", que no sólo atentan contra la Iglesia sino que se esfuerzan por destruir el imperio de Jesucristo. "Guardar silencio no es ya decoroso, si no queremos aparecer infiel al más sacrosanto de nuestros deberes". Y enseguida señala algo muy importante: "Lo que sobre todo exige de Nos que rompamos sin dilaciones el silencio, es la circunstancia de que al presente no es menester ya ir a buscar a los fabricadores de errores entre los enemigos declarados: se ocultan, y esto es precisamente objeto de grandísima ansiedad y angustia, en el seno mismo y dentro del corazón de la Iglesia".

Señala a continuación el Santo Padre que en el grupo de novadores hay muchos católicos seglares pero también sacerdotes que, con pretexto de amor a la Iglesia "e impregnados hasta la médula de los huesos en venenosos errores bebidos en los escritos de los adversarios del catolicismo, se jactan, a despecho de todo sentimiento de modestia, como restauradores de la Iglesia". El papa no disimula el mal. Más allá de las intenciones de tales novadores, señala, que sólo Dios conoce, "son, seguramente, enemigos de la Iglesia, y no se apartará de lo verdadero quien dijera que ésta no los ha tenido peores. Porque, en efecto, como ya se notó, ellos traman la ruina de la Iglesia, no desde fuera, sino desde dentro: en nuestros días el peligro está casi en las entrañas mismas de la Iglesia y en sus mismas venas; y el daño producido por tales enemigos es tanto más inevitable cuanto más a fondo conocen a la Iglesia". En siglos anteriores, generalmente el ataque a la Iglesia provenía de afuera. La novedad de éste es que parte de sus propias entrañas, "de sus mismas venas", por lo que resulta mucho más peligroso. "Añádase que han aplicado la segur, no a las ramas, ni tampoco a débiles renuevos, sino a la raíz misma, esto es, a la fe y a sus fibras más profundas. Mas una vez herida esa raíz de vida inmortal, pasan a hacer circular el virus por todo el árbol, y en tales proporciones, que no hay parte alguna de la fe católica donde no pongan su mano, ninguna que no se esfuercen por corromper".

Tales adversarios, advierte el papa, son especialmente peligrosos porque algunos de ellos pueden exhibir "una vida llena de actividad, asiduidad y ardor singulares hacia todo género de estudios, aspirando a granjearse la estimación pública por sus costumbres, con frecuencia intachables". Por lo demás, nada omiten para que la gente "atribuya ello a celo sincero de verdad". Confiesa el papa que él esperó que un día volverían sobre sí, empleando con ellos "primero la dulzura como con hijos, después la severidad, y por último, aunque muy contra nuestra voluntad, las represiones públicas". Todo fue en vano. No se trata, por cierto, de una cuestión personal, aclara, sino de defensa de la Iglesia asediada. Por lo que concluye enérgicamente: "Basta, pues, de silencio; prolongarlo sería un crimen. Tiempo es de arrancar la máscara a esos hombres y de mostrarlos a la Iglesia entera tales cuales son en realidad".

Pío X era un hombre lleno de mansedumbre y de ternura. Pero ante la gravedad de la situación se mostró de una energía indomable. Refiriéndose a la personalidad gigantesca de este papa escribió el cardenal Mercier: "Si al nacer Lutero y Calvino la Iglesia hubiera contado con pontífices del temple de Pío X, ¿habría logrado la Reforma apartar de Roma a un tercio de la Europa cristiana? Pío X salvó a la cristiandad del peligro inmenso del modernismo, es decir, no de una herejía, sino de todas las herejías a la vez".

La *Pascendi* trató de ofrecer una exposición sistemática del modernismo. Se ha dicho que tal vez ninguno de los modernistas haya defendido todos y cada uno de los puntos y sacado todas y cada una de las consecuencias que en la encíclica se reúnen y formulan, pero nadie podrá negar que este solemne documento sintetiza admirablemente la tendencia general.

Tras el exordio, comienza la exposición de lo que sostiene el modernismo, según los principales tipos de propulsores que se destacan en sus filas, porque, como dice el papa, "cada modernista representa variedad de personajes, mezclando, por así decirlo, al filósofo, al creyente, al teólogo, al historiador, al crítico, al apologista, al reformador, personajes que conviene deslindar con exactitud, si se quiere conocer a fondo su sistema, y comprender los principios y las consecuencias de sus doctrinas".

Consideremos, pues, siguiendo de cerca el texto de la encíclica, los diversos tipos de personajes que integran la galería del modernismo.

1. El filósofo modernista

El primero de ellos es "el filósofo". Dos rasgos esenciales lo constituyen. Ante todo la doctrina del agnosticismo, según el cual "la razón humana, encerrada rigurosamente en el círculo de los «fenómenos», es decir, de los objetos que aparecen, y tales ni más ni menos como aparecen, no posee la facultad ni el derecho de franquear esos límites". De ahí que el hombre que acepta dicha tesis se confiesa, entre otras cosas, incapaz de conocer la existencia de Dios por medio de las creaturas. El modernismo filosófico, influido por el criticismo kantiano, niega, pues, a la inteligencia la facultad de aprehender la realidad del objeto. Lo único que puede conocer son las apariencias de las cosas, no sus esencias. "Para usar el lenguaje kantiano –escribe Antonio Franchi– la razón sabe que el alma, el mundo y Dios no son reales, cosas en sí, sino simples ideas, a las que no corresponde ninguna realidad objetiva; sin embargo en sus pensamientos y deliberaciones debe comportarse como si (*als ob*) aquellas fes que no representan ningún objeto real, tuviesen la misma realidad".

Si se acepta dicho presupuesto se viene abajo todo el edificio doctrinal montado por el catolicismo. La decadencia de la escolástica les sirvió a los modernistas de excusa para tal posicionamiento.

Después del agnosticismo, el otro pilar filosófico de la corriente modernista es el inmanentismo: "El agnosticismo no es más que el lado negativo de la doctrina de los modernistas; el lado positivo está constituido por lo que se llama inmanencia vital". Pasan de uno a otra de la siguiente manera: la religión, tanto si es natural como si es sobrenatural, postula una explicación, al igual que cualquier tendencia humana. Ahora bien, una vez que la teología natural, así como los motivos de credibilidad, han sido suprimidos, no hay más remedio que buscar esta explicación en el interior del hombre. Es lo que se llama la inmanencia religiosa. Como se sabe, "todo fenómeno vital, y ya queda dicho que tal es la religión, reconoce como principal estimulante cierto impulso o indigencia, y como primera manifestación ese movimiento del corazón que llamamos sentimiento. Puesto que el objeto de la religión es Dios, de ahí se sigue que la fe, principio y fundamento de toda religión, reside en un determinado sentimiento íntimo engendrado por la necesidad o indigencia de lo divino". Tal indigencia no pertenece a la esfera de la conciencia sino que "yace sepultada bajo la conciencia, o, para utilizar un vocablo tomado de la filosofía moderna, en la subconciencia".

Adviértese en todo esto un claro influjo de la fe según la entienden los luteranos, así como del pensamiento de Kant. No en vano el filósofo de Könisberg fue educado en el pietismo protestante. Si bien luego renunció a esa versión tergiversada del cristianismo como religión positiva, retuvo su idea antidogmática, más aún, buscó darle un fundamento filosófico, que fue a la postre la exaltación del carácter experimental y sentimental de la religión. La fe acabó por ser una experiencia interna subjetiva, la aprehensión de algo fantástico, algo así como el sueño de un poeta.

Es cierto que el hombre quiere "pensar" su fe, y lo hace por medio de fórmulas, pero para el modernismo ellas no tienen relación con el objeto; son solamente "símbolos" del mismo. Las consecuencias de dicha teoría son numerosas. Enumeremos algunas. A la noción de la existencia de Dios no se llega por la razón sino por "cierta intuición del corazón"; las diversas religiones son verdaderas en la medida en que favorecen ese tipo de experiencias. La fe es la percepción de Dios presente en lo más íntimo del hombre, en virtud de la ley de inmanencia. De allí brota todo el edificio religioso. Así los dogmas, que se forman por vía de desarrollo vital, gracias al trabajo de la inteligencia sobre los datos primitivos. También los sacramentos, nacidos de la necesidad de dar a la religión un cuerpo sensible. Las Escrituras reúnen en forma categórica las experiencias hechas por los creyentes de Israel y los primeros apóstoles del cristianismo. La conclusión es clara: a la autoridad de la Iglesia no le queda sino que expresar los sentimientos de los individuos.

2. El creyente modernista

Tal es el segundo personaje que corporiza la posición del modernismo. A diferencia del filósofo, el creyente modernista tiene la certeza de que Dios existe en sí mismo, independientemente de que el hombre lo piense o no. Pero en él dicha certeza se apoya en cierta seguridad del corazón, gracias a la cual capta la realidad misma de Dios. Se trata aquí de una verdadera "experiencia", superior a todas las experiencias racionales. Como nos lo recuerda el padre Enrico Rosa, para el modernista la fe ya no es esencialmente asentimiento de la mente, o acto intelectual, sino asentimiento de la voluntad, acto "emocional", derivado no de la revelación divina, sino de una sensación psicológica, de una especie de intuición, experiencia o conciencia interna. La revelación es entendida como parte integral de dicha experiencia; la inspiración, por la que nos llega, no es sino un impulso a "formular" la experiencia; la tradición, una transmisión de experiencias; el dogma, una concreción práctica o provisoria de determinadas experiencias. En resumen, todo es explicado en base a las experiencias internas. Y como el hombre va evolucionando psicológicamente, también evoluciona su fe. Por eso hay varias religiones.

El modernismo católico, sigue diciendo el padre Rosa, ha encontrado que la fe kantiana se puede conciliar lo más bien con la fe sobrenatural y divina. ¿Y cómo? Con un recurso simplicísimo: el de reducir la fe sobrenatural, de creyente y de católico, a un tipo de experiencia interna, a una intuición de la conciencia y del corazón. La revelación misma pasa a ser "parte integral de la conciencia". Cada cual percibe la revelación inmediatamente en su alma. No es, por consiguiente, la manifestación divina de una verdad; es una emoción, un impulso del sentimiento religioso que en algunos momentos aflora, por así decirlo, de las profundidades de la subconciencia, y en el que el creyente reconoce un toque divino.

El padre Lebreton, por su parte, establece un paralelismo entre la noción católica y la noción modernista de la revelación. Para el católico, señala, las verdades que Dios revela están, en parte al menos, fuera de nuestro alcance natural. De hecho no las podríamos conocer si Dios no nos las hubiera manifestado por un acto gratuito de bondad. Para el modernista, en cambio, todas las verdades religiosas están implícitamente contenidas en la conciencia del hombre. De ello se sigue que para el católico la revelación es esencialmente la comunicación de una verdad; para el modernista es esencialmente una excitación del sentido religioso. Para el católico es Dios quien comunica al hombre una verdad; para el modernista es el hombre quien se habla a sí mismo. Como confiesa Loisy en *Scylla y Charibdis,* "somos siempre y necesariamente nosotros quienes nos hablamos a nosotros mismos; quienes (ayudados sin duda por el Dios inmanente), elaboramos para nosotros mismos la verdad". De donde, concluye Lebreton, resumiendo la diferencia entre el católico creyente y el modernista creyente: para el católico, la revelación es una comunicación sobrenatural que impone a la fe su objeto, y la fe, a su vez, es la regla de la piedad subjetiva; para el modernista, en cambio, la revelación es una emoción que excita la piedad, y la piedad a su vez engendra la fe. En el primer caso, la verdad de la fe es absoluta, porque proviene de Dios; en el segundo es relativa, porque brota de su relación con el sentimiento religioso. Más que fe es "fideísmo".

Según el creyente modernista, el intelecto no hace sino iluminar el sentimiento que brota de su corazón, el cual propiamente no es conocimiento, y luego lo pone en palabras. Hay, pues, una doble operación: ante todo el corazón "siente" la fe, expresándola enseguida de modo simple y espontáneo, y luego trabaja el pensamiento, expresándola con proposiciones más refinadas; estas proposiciones o fórmulas secundarias, meramente simbólicas, son los dogmas. Yo "siento" a Dios y así alcanzo la realidad de Dios. Dios es real "para mí". Tal experiencia hace al que la ha sentido verdadera y propiamente "creyente". Ello es absolutamente falso, se afirma en la encíclica. Si no lo fuera, ¿por qué negar "su" verdad al turco, y atribuir sólo al católico la experiencia verdadera? Algunos no se inmutan ante semejante disyuntiva, prosigue el papa, simplemente porque tienen por verdaderas todas las religiones.

Resumiendo lo señalado hasta acá, digamos que para el creyente modernista, los "símbolos" alcanzados no expresan la fe conforme a la verdad absoluta, sino sólo al sentimiento religioso, y por eso son mudables como éste, sujetos a continuas "evoluciones" psicológicas, bajo la dirección del corazón. Los modernistas creen haber llegado así a un cierto "intuicionismo místico", en oposición al viejo "realismo lógico de los escolásticos". Pero, en realidad, a lo que llegan es a la disolución total de la fe.

Pongamos que a alguien se le pregunta si Cristo realmente obró milagros, si verdaderamente resucitó y subió a los cielos. El creyente modernista dirá que la posible respuesta es doble. No, contestará la ciencia agnóstica; sí dirá la fe. "No hay contradicción alguna para quien profesa el modernismo –señala el papa–, la negación es del filósofo que habla a filósofos, y que no mira a Jesucristo sino según la realidad histórica; la afirmación es la del creyente, dirigiéndose a creyentes, y que considera la vida de Jesucristo como viviéndose de nuevo por la fe y en la fe".

Tal concepción tan errónea de lo que es la fe, daña también al concepto católico de la tradición. Aquella regla de la "experiencia" que actúa en el ámbito del sentimiento, al aplicarse también a la tradición, tal como la entiende la Iglesia, la destruye completamente. Se dice en la encíclica: "A la verdad, por tradición entienden los modernistas cierta comunicación de alguna experiencia original que se hace a otros mediante la predicación y en virtud de la fórmula intelectual". Ello, agrega la interpretación de los novadores, puede ejercer cierto poder sugestivo en el creyente para despertar en su corazón el sentimiento religioso tal vez dormido y restaurar la experiencia olvidada. Así la experiencia original se propaga a los diversos pueblos, sobre todo mediante la predicación y los libros. Dicha transmisión, aseveran, a veces se arraiga, y otras decae o muere.

3. El teólogo modernista

Pasa luego el papa a describir la figura del teólogo modernista, o, como señala en la encíclica, "examinar a los modernistas en la arena teológica". Tal propósito no es posible, advierte, si no se parte del modo como conciben el origen y naturaleza de *la fe*. Ellos tratan "de conciliar la fe con la ciencia, y eso de tal suerte que la una se sujete a la otra. En este género el teólogo modernista usa de los mismos principios que, según vimos, usaba el filósofo, y los adapta al creyente; a saber, los principios de la inmanencia y el simbolismo. Simplicísimo es el procedimiento. El filósofo afirma: el principio de la fe es inmanente; el creyente añade: ese principio es Dios; concluye el teólogo: luego Dios es inmanente en el hombre. De donde sale la inmanencia teológica".

Tal punto de vista, comenta el padre Rosa, se ubica en la antítesis de la teología católica, por las mismas razones que la filosofía del modernista filósofo es la antítesis de la filosofía racional, y la fe del modernista creyente la negación de la fe religiosa. No en vano afirmaba Loisy que la teología que había aprendido era una espléndida catedral pero, agregaba, compartiendo la opinión de Renan, tenía un defecto sustancial, a saber, la insuficiencia de sus fundamentos. Como sabemos, el catolicismo brota de una enseñanza revelada, y la fe no es sino la aceptación de dicha enseñanza. Justamente la crisis de Loisy provino de su resistencia a admitir que Dios había hablado a los hombres, que el Verbo se había hecho carne, que Cristo era Dios, que murió y resucitó, que está en la Eucaristía, que la Iglesia había sido fundada por Él. Eso es lo que le repugnaba: la fe sobrenatural, algo "irrealizable e inmoral", decía, para un pensador moderno.

"Hasta acá hemos tratado del origen y naturaleza de la fe", se dice en el documento. Pero siendo muchos *los retoños de la fe,* como los llama Pío X, a saber, la Iglesia, el dogma, el culto, la Escritura, el papa los va a ir recorriendo, para ver lo que de cada uno de ellos enseñan los modernistas.

Y ante todo del *dogma,* acerca del cual ya algo se ha dicho. Según ellos el dogma, que apareció como un expediente para aclarar la conciencia, es algo "vital", que se desarrolla "vitalmente". Por lo demás, los dogmas son meras "fórmulas", meros símbolos o instrumentos provisorios, que con el tiempo fueron considerados como parte integrante de la "doctrina de la Iglesia". Y así se fue formando "un cuerpo doctrinal". Pero como las necesidades de los fieles cambian, también los dogmas, los cuales no fungen sino de instrumentos provisorios y mudables, en modo alguno irrevocables, imágenes de la verdad, que deben ser adaptadas al sentimiento religioso. Por ello para el teólogo modernista las fórmulas dogmáticas están sujetas a mutación, según los cambios del sentimiento religioso, que brota del corazón.

Bien ha señalado Lebreton que según el sentir de los modernistas la mayoría de las fórmulas que la Iglesia nos propone son hoy estériles. Antes habían fecundado la fe, porque estaban en armonía con las necesidades religiosas de los cristianos de entonces, pero en la actualidad han perdido toda significación. ¿Qué debe hacer entonces el cristiano lúcido sino obrar, en cuanto esté a su alcance, sobre la Iglesia, para llevarla a relajar aquella actitud estrecha que ahoga al cristianismo? Si no lo logra, tratará al menos de reivindicar para él y para los que están en su órbita, la plena libertad cristiana, y romper el corset que aquella teología "convencional, oficial, tradicional", como la califican a veces, pretende imponerle. Los teólogos, secundados por los laicos ilustrados, deberán oponerse a la Iglesia jerárquica, que es una fuerza conservadora, la de la tradición, representada por la autoridad religiosa, hasta que se vea obligada a capitular.

Luego la encíclica trata del *culto*, otro retoño de la teología, como lo considera el papa. Nos baste con transcribir el texto que a ello se refiere: "El culto según enseñan [los modernistas], brota de un doble impulso o necesidad, y ello acontece porque, volvamos a subrayarlo, en su sistema todo es atribuible a las necesidades íntimas. La primera de ellas es dar a la religión algo de sensible, la segunda es la de difundirla, lo que no puede en ningún modo hacerse sin cierta forma sensible y sin actos santificantes, llamados sacramentos. Éstos, para los modernistas, son puros símbolos o signos, aunque no destituidos de fuerza […] Así los sacramentos se ordenan a provocar el sentimiento religioso, y nada más. Hablarían con mayor claridad si afirmasen que los sacramentos fueron instituidos únicamente para alimentar la fe. Pero esto ha sido condenado por el Concilio de Trento".

En el documento se trata, asimismo, de la *exégesis* de la Sagrada Escritura, otra de las actividades del teólogo. En lo que a ello respecta, no resulta posible obviar un hecho, y es que en las últimas décadas del siglo XIX varios autores protestantes habían cuestionado los primeros capítulos del Génesis, el Pentateuco, y otros asuntos, provocando cierto descontento entre los exégetas católicos, ya que dicho cuestionamiento implicaba un modo diverso de entender la inspiración, la revelación y la inerrancia. Ello, sin embargo, no dejó de repercutir en la exégesis católica. Conforme al pensar de los modernistas, señala el papa, podría uno definir acertadamente a los libros sagrados, hablando en general, como una colección de "experiencias" extraordinarias, que se encuentran en todas las religiones. Es lo que enseñaban al tratar del Antiguo y del Nuevo Testamento. "Advierten astutamente que si bien la experiencia pertenece al presente, ello no obsta para que tome la materia de lo pasado y aun de lo futuro, en cuanto el creyente, o por el recuerdo hace que lo pasado viva a manera de lo presente, o por anticipación hace lo propio con lo futuro. Lo que explica cómo pueden computarse entre los libros sagrados los históricos y apocalípticos". Para los modernistas, sigue el papa, Dios habla en verdad para el creyente, pero, según quiere su teología, sólo por la inmanencia o permanencia vital.

En cuanto a la inspiración que movió a los autores sagrados, sostienen que ésta "no se distingue si no es acaso por la vehemencia del impulso que siente el creyente de manifestar su fe de palabra o por escrito", algo parecido, agregan, a la inspiración poética. Sólo de este modo se puede decir que Dios está en el origen de la inspiración de los libros sagrados, lo que está lejos del concepto católico de inspiración. Para ellos los libros sagrados no serían sino un conjunto de experiencias religiosas.

La encíclica se detiene luego en el concepto que el teólogo modernista tiene de *la Iglesia*. En su opinión no es otra cosa que una comunidad que habiendo tenido una experiencia de fe quiso comunicarla. O también, "el fruto de la conciencia colectiva o de la unión de las conciencias particulares [...] que dependen de su primer creyente, esto es, de Cristo, si se trata de los católicos". Pero como todo grupo social necesita de una autoridad que lo rija, así también la hay en la Iglesia, ejerciendo su poder en el campo disciplinar, dogmático y cultual. En tiempos pasados fue un error popularmente admitido creer que dicha autoridad provenía de fuera, venía de Dios. En realidad procede de la misma Iglesia. "La autoridad –sostienen–, lo mismo que la Iglesia, brota de la conciencia religiosa, a la que, por tanto, está sujeta, y si desprecia esa sujeción obra tiránicamente". Vivimos ahora en una época en que la libertad ha salido por sus fueros, introduciendo en la política el régimen democrático. Sería una locura intentar retroceder en esta materia. Por tanto, si se quiere evitar una guerra intestina "tiene la autoridad eclesiástica el deber de usar las formas democráticas, tanto más que si nos las usa le amenaza la destrucción". Y así, concluye el papa, los modernistas "buscan medios para conciliar la autoridad de la Iglesia con la libertad de los creyentes".

Respecto a las relaciones que la Iglesia debe mantener con el Estado, sostienen los modernistas que antes se entendían en base a la certeza de que lo natural se subordinaba a lo sobrenatural; ahora ello ha sido desechado "por filósofos e historiadores". Por tanto, concluyen, "el Estado se ha de separar de la Iglesia, como el católico del ciudadano". La Iglesia no debe, pues, entrometerse en la vida del ciudadano, orientándolo en su acción política. Finalmente, ¿cómo explican la autoridad doctrinal, o el poder de magisterio que reivindica la Iglesia? A ello responden que es una necesidad de toda sociedad religiosa tener una conciencia común y fórmulas que la expresen, así como una autoridad capaz de imponer tales formulaciones. Pero dicho magisterio nace, en última instancia, de las conciencias individuales.

Resumiendo estas consideraciones, que bosquejan el modo de pensar del teólogo modernista, el padre Rosa señala que, según aquellos novadores, toda la teología no es sino una respuesta a las diversas necesidades de la Iglesia. De la necesidad de elaborar el propio pensamiento religioso para aclarar la conciencia propia y la ajena nace el dogma. De la necesidad de agregar algo que sea sensible a la religión y así poder propagarla, surge el culto, en el que se incluyen los sacramentos, reducidos a meros símbolos. De la necesidad de comunicar a los demás su propia fe o experiencia religiosa, uniéndose así para el bien común, nace la Iglesia, que es por eso "parte de la conciencia colectiva". De la necesidad, por fin, que tiene todo cuerpo social de contar con un poder que lo rija, brota en la Iglesia la triple autoridad: disciplinar, dogmática y cultual. Todo ello debe entenderse no como proviniendo inmediatamente de Dios, sino de la conciencia religiosa del pueblo, de la conciencia democrática.

Tras haber recorrido los diversos "retoños de la teología", en la encíclica se agregan algunas consideraciones bajo el título de *la evolución religiosa*. Allí se dice que para el modernismo la evolución es un principio general en toda religión viva: nada existe que no sea variable, y que, por tanto, no deba variarse. De ahí la importancia que le confieren a este tema. "Si no queremos que el dogma, la Iglesia, el culto sagrado, los libros santos y aun la misma fe languidezcan con el frío de la muerte, deben sujetarse a las leyes de la evolución". Y así, aseguran, tanto en su fe como en su presentación de la figura de Cristo hasta llegar a venerarlo como si fuera Dios, la Iglesia se fue adaptando a las circunstancias históricas…

¿Cómo explican este curioso fenómeno que aseguran constatar? "La evolución –afirman– proviene del conflicto de dos fuerzas que se combaten, una es progresista, la otra pugna por la conservación. La fuerza conservadora florece en la Iglesia y se contiene en la tradición. La representa la autoridad religiosa, y eso tanto por cuestiones de derecho, pues es propio de la autoridad defender la tradición, como por cuestiones de hecho, puesto que siente poco o nada los estímulos que la inducen al progreso. Por el contrario, la fuerza que empuja hacia el progreso, respondiendo a interiores necesidades, se oculta y se agita en las conciencias de los particulares […], sobre todo en aquellos que están, como dicen, más en contacto con la vida". Tales son los laicos, prosigue señalando el documento, "elementos de progreso", según lo consideran los modernistas. "De esta especie de compromiso y pacto entre las dos fuerzas, conservadora y progresista, esto es, entre la autoridad y la conciencia de los particulares, proceden el progreso y los cambios". Los particulares van gestando poco a poco una "conciencia colectiva", y ésta, a su vez, influye en la autoridad, "obligándola a capitular y a entrar en el pacto". Por eso los modernistas se extrañan tanto cuando se los reprende por obrar según lo que ellos creen ser su deber religioso. Sin embargo en el fondo poco les importa; ya los pueden castigar, ellos están seguros de obrar bien y por íntima experiencia saben que se les debe alabanzas y no reprensiones. Llegará la hora de acabar con esos desfasajes, "ya que las leyes de la evolución pueden demorarse pero no del todo detener". Y así, "fingen, inclinando sus cabezas, pero con la mano y la mente prosiguen más atrevidamente lo que emprendieron", en la convicción de que "la autoridad debe ser empujada y no echada por tierra".

4. El historiador modernista

Luego la encíclica describe la figura del modernista que se ejercita en la investigación histórica. Para él ningún hecho sobrenatural puede ser objeto de la historia. Los hechos admirables y los prodigios que se narran en el Antiguo y el Nuevo Testamento, no son propiamente historia; son símbolos o mitos, a semejanza de las fábulas y leyendas que se relatan en los orígenes de otras religiones. En el famoso *Programa de los modernistas,* que enseguida de la *Pascendi* éstos hicieron publicar en Italia, se reitera la necesidad de "distinguir entre la historia real y la historia interna, entre el Cristo histórico y el Cristo místico y de la fe". Porque, a la verdad, agregan, "en los Evangelios no siempre se encuentra la realidad histórica"; más aún, "como en el Antiguo Testamento así en el Nuevo no se tienen libros históricos en el puro sentido de la palabra, sino historias sagradas en gran parte determinadas por la fe", lo cual "da lugar en algunos casos no sólo a la distinción, sino también a la separación del Cristo de la fe y del Cristo de la historia".

En el fondo a lo que los modernistas llegan es a la negación del cristianismo histórico, lo cual, es verdad, no les interesa demasiado, afanados como están en la mera satisfacción de las "necesidades" individuales. Por eso, aseguran, "a la verdad de la fe no siempre va unida la realidad histórica", lo que en última instancia no es sino aseverar una miserable falsificación histórica. Porque, como bien ha señalado el padre Rosa, ciertamente es falsificación querer presentar como hechos históricos sucesos que no fueron tales, y luego pretender imponerlos a la fe, es decir, en otras palabras, buscar que se les dé asentimiento cierto e irrevocable a hechos que jamás tuvieron realidad histórica. Recuérdese cómo Loisy no vacilaría en distinguir dos Cristos, uno el de la historia, el otro el de la fe.

Nosotros afirmamos que Dios se hizo presente visiblemente en la historia, en su Hijo encarnado. Ellos lo niegan, víctimas de su agnosticismo. En su opinión, todas las narraciones de teofanías que se encuentran en los libros sagrados, no son historia científica o real. Será, sí, historia real y científica que un hombre llamado Jesús murió en la cruz, pero que Él fuera Dios, que Él mismo resucitase, eso no es historia; a lo más se puede decir que es "historia de la fe", o sea, fruto de una "necesidad" o "conveniencia interior". Para los modernistas tanto la divinidad de Cristo como su resurrección no son demostrables, es decir, "no pueden ser constatados por la experiencia sensible". Uno de ellos escribió: "Importa poco a la fe saber si la crítica puede o no aceptar el nacimiento virginal, los milagros clamorosos, en fin, la Resurrección del Redentor […] Pero por la fe ello tiene realidad, que es superior a la de los hechos físicos e históricos".

En la persona de Cristo, dicen, la ciencia y la historia no encuentran otra cosa que un hombre. En nombre de la primera de las leyes a que recurría, según vimos, el modernista "filósofo", la que se basaba en el agnosticismo, hay que borrar todo lo que revista carácter divino en la historia. Luego, de acuerdo a la segunda de aquellas leyes, la persona histórica de Cristo es "transfigurada" por la fe, y por consiguiente, se hace menester recortar de su historia todo lo que puede elevarlo por encima de las condiciones históricas. Finalmente, la persona misma de Cristo ha sido "desfigurada" por la fe, que es la tercera ley. "Para ellos, pues, –leemos en la encíclica– hay dos Cristos, el uno real, y el otro que nunca existió de verdad, sino que pertenece a la fe; uno que vivió en determinado lugar y época, y otro que sólo se encuentra en las piadosas especulaciones de la fe, como por ejemplo el que presenta el evangelio de San Juan, libro que no es todo él otra cosa que especulación".

5. *El reformador modernista*

Tras referirse sumariamente nuestro documento a la figura del *crítico* y del *apologeta* modernista, nos lo presenta, por fin, como el "reformador". Porque, efectivamente, muestra un "celo" muy especial, que abarca todos los campos del apostolado. Se señala en la encíclica el extraño ardor con que busca introducir novedades en la filosofía, sobre todo a través de la enseñanza en los seminarios, "de suerte que relegada la filosofía de los escolásticos a la historia de la filosofía, como uno de los tantos sistemas, ya hace mucho envejecidos, se enseñe a los jóvenes la filosofía moderna, única y conveniente para nuestro tiempo", así como la más apta para servir de fundamento a la teología. También quieren que la historia se estudie según sus inclinaciones. Y que en la catequesis se incluyan sólo los dogmas acomodados al alcance del vulgo. Además piden que se reforme la Iglesia en su magisterio y en su disciplina según la conciencia moderna "que propende a la democracia". En cuanto a la autoridad eclesiástica la exhortan por un lado a que no se meta en lo político y social, al paso que por otro le exigen acomodarse al espíritu moderno. En el campo de la moral promueven el americanismo, dando el primado a las llamadas "virtudes activas".

Hemos citado ya varias veces al padre Enrico Rosa S.J., quien nos ha dejado una de las mejores obras que hemos leído sobre el modernismo. Pues bien, en su comentario a la encíclica, que publicó dos años después de su promulgación, nos señala un elemento de interés, que complementa los anteriores, es a saber, que en el bagaje destructivo del modernismo, hay que incluir el influjo que tuvo o intentó tener sobre la espiritualidad cristiana, envenenando sus fuentes; de hecho trataron de ser "reformadores" también en este campo, no sólo entre los fieles sino sobre todo en los seminarios. Porque en el modernismo se escondía un elemento ascético y casi místico, una espiritualidad del todo nueva, simplificada, una piedad prevalentemente sentimental, muy acorde al espíritu del hombre moderno. Dicha piedad se abrevaba en una fe emocional, con poco de intelecto; en otras palabras, se atenuaba la adhesión de la inteligencia y se exacerbaba la del sentimiento, especialmente de la confianza, de la "experiencia" de Dios. Los que entre los sacerdotes modernistas se dedicaban a la dirección espiritual de la juventud atribuían el primado a los sentimientos, a la experiencia subjetiva. Insistiendo en ideas tan verdaderas como la inefabilidad y excelsitud de las acciones divinas, no recomendaban para nada la necesidad del esfuerzo, la meditación, el estudio. Los que buscaban ser por ellos dirigidos espiritualmente, elegían al director bajo esa condición: que él también se moviera por experiencias interiores de su conciencia, vibrando al unísono con el dirigido. Una espiritualidad sin sacrificio ni esfuerzo, "religión del espíritu", subjetiva e inmanentista. Contra lo que enseña Santo Tomás en la *Suma Teológica,* a saber, que en la vida espiritual hay tres estadios: el de los que se inician, el de los proficientes y el de los que contemplan, el modernista quería ubicarse desde el comienzo en el punto de llegada.

* * *

Cierra el papa, con palabras inflamadas, esta larga exposición de la doctrina del modernismo. "Ahora bien, abarcando como de una mirada la totalidad de este sistema, ninguno se maravillará si lo definimos afirmando que *es una síntesis de todas las herejías.* Pues, a la verdad, si alguien se hubiera propuesto juntar en uno el jugo y como la esencia de todos los errores que han existido hasta ahora contra la fe, no habría podido por cierto hacerlo mejor que como lo han hecho los modernistas. Antes bien, han ido éstos tanto más allá, que no sólo han destruido la religión católica, sino absolutamente toda religión. De ahí los aplausos de los racionalistas", que no vacilaron en exaltar a los modernistas, "en quienes se felicitan de haber hallado los auxiliares más eficaces".

Comentando este texto, que destaca todo lo que el modernismo significó de ruptura con la tradición católica, comenta el padre Grandmaison: "Es modernista el que mantiene esta doble convicción: primero, que sobre puntos definidos, que interesan al fondo doctrinal o moral de la religión católica, pueden haber conflictos reales entre la posición tradicional y la moderna; y segundo, que en ese caso, es lo tradicional lo que debe adaptarse a lo moderno, por vía de retoque y, si es necesario, de cambio radical o abandono".

Sin duda, reiterémoslo, ninguno de los personajes del modernismo que hemos presentado anteriormente encarna tan a fondo lo esencial de la presente herejía como Alfred Loisy. Éste le había encargado a Albert Houtin, el historiador del modernismo, que escribiese su biografía, para lo cual lo hizo partícipe de sus más íntimas confidencias. Pues bien, aquel autor nos ha dejado una historia de su vida que coincide puntualmente con el prototipo trazado en la *Pascendi*.

* * *

Tras esta primera parte de la encíclica, en que nos hemos detenido morosamente, en la *segunda*, a la que sólo aludiremos, el papa hace alguna referencia a las *causas* que dan origen e impulso al modernismo, para mejor poder penetrar en el carácter maligno de su doctrina. La primera de ellas es una morbosa curiosidad en búsqueda de lo nuevo, luego la soberbia, y finalmente la ignorancia, ya que, desconociendo supinamente la escolástica, se arrodillan ante la filosofía moderna. "No hay otro más claro indicio de que uno empiece a inclinarse a la doctrina del modernismo que comenzar a aborrecer el método escolástico". Los novadores apuntan sobre todo contra tres enemigos, prosigue el documento: el método escolástico de filosofar, según lo acabamos de señalar, la autoridad de los Santos Padres, y el magisterio de la Iglesia. Da lástima observar el "celo" que exhiben para promover una causa tan destructiva. Por lo demás, se horrorizan cuando se los condena, y sus seguidores los tienen por mártires de la verdad.

La *tercera* parte de la encíclica contiene los *remedios* que el papa considera más adecuados. Ante todo se atiende a la formación doctrinal; se dispone que la filosofía escolástica, principalmente en los seminarios y congregaciones religiosas, se ponga por fundamento de los estudios sagrados, sobre todo la que enseñó Santo Tomás. Se recomienda también fomentar el amor a los Padres, la Tradición y el Magisterio. Los obispos pondrán especial cuidado en la elección del personal formativo de los seminarios y universidades, excluyendo a cualquiera que "de algún modo se muestre inficionado de modernismo". Hágase ello, ordena el papa, sin miramientos de ninguna clase. Disposiciones no menos severas se aplican a los escritos. Los obispos deberán impedir, de ser posible, la publicación de obras "tocadas de modernismo", así como prohibir a los fieles su lectura. Si algunos libreros sedicentes católicos venden libros de doctrina modernista, que los pastores, tras previo aviso, los priven del título de libreros católicos. Asimismo, cuando eligen a los que deban hacer la censura eclesiástica de los libros, cuiden que sean bien ortodoxos. Preocúpense también de lo que los sacerdotes publican en periódicos y revistas. En cada diócesis será constituido un consejo especial, llamado de vigilancia, para el tema de las censuras. No se multipliquen los congresos de sacerdotes, que no se podrán tener sino bajo el control del Ordinario.

"Para que estos mandatos no caigan en olvido –termina el documento– queremos y mandamos que los obispos de cada diócesis, pasado un año después de la publicación de las presentes Letras, y en adelante cada tres años, den cuenta a la Sede Apostólica, con relación diligente y jurada, de las cosas que en esta Nuestra Epístola se ordenan; asimismo de las doctrinas que dominan en el clero, y principalmente en los seminarios y en los demás institutos católicos, sin exceptuar aquellos que están exentos de la autoridad de los Ordinarios. Y esto mismo mandamos a los Superiores generales de las Órdenes religiosas por lo que a sus alumnos se refiere".

En su exhortación final dispone el papa la promoción de un instituto particular "en el cual, con ayuda de todos los católicos insignes por la fama de su sabiduría, se fomenten las ciencias y todo género de erudición bajo la guía y magisterio de la verdad católica".

IV. *Le Sillon* y *Notre charge apostolique*

1. *Jóvenes idealistas al servicio del ideario del modernismo*

A fines del siglo XIX apareció en Francia un movimiento juvenil llamado *Le Sillon*. Nació en un ambiente estudiantil, concretamente en los bancos del colegio Stanislas, de París, dependiente de la Universidad, pero bajo dirección religiosa. Un joven llamado Marc Sangnier, de familia burguesa bastante acomodada, comenzó a reunir un grupo de compañeros en un aula situada en el sótano del colegio, lo que dio origen al nombre, un tanto romántico, de "La Cripta". Él mismo nos señala cómo se inició el movimiento. "Fue al comienzo del año

1894. Éramos entonces alumnos de matemáticas especiales. No podíamos resignarnos a vivir en esa atmósfera sobrecargada de matemáticas, teniendo como único ideal el bicornio y la tangente de politécnicos. Necesitábamos un poco de aire puro, de ideal humano, de vida. Por eso tuvimos acaso una idea original, pero de la que con toda seguridad estábamos lejos de adivinar la fecundidad futura: pedimos y obtuvimos la autorización de tener todos los viernes, durante el recreo de doce a una, reuniones independientes para discutir entre los alumnos de los diferentes cursos de mayores. Estas conferencias revolucionaron el colegio durante algunos meses; incluso un día tuvimos la audacia de hacer venir a un joven obrero de Lille para que nos hablara de la cuestión social: lo llevamos en triunfo". Poco después sacaron una revista: el "Bulletin de la Crypte", así llamado por el local inicial de sus reuniones.

Pronto el ideario del pequeño grupo comenzó a trascender los muros del colegio. Nos informa Ploncard d'Assac, a quien seguimos en la exposición de este episodio del modernismo, que al principio el emprendimiento de Sangnier tuvo un carácter marcadamente católico. Tanto que obtuvo alabanzas de León XIII en 1902, y de Pío X en 1903, así como de muchos obispos que veían en dicho movimiento una legítima preocupación por el problema social. Desde 1902 comenzaron a organizar círculos de estudiantes en colegios y universidades, así como reuniones de obreros, frecuentes conferencias, e incluso congresos anuales.

Pero pronto Sangnier comenzó a experimentar cierto complejo de culpabilidad burguesa. Así, por ejemplo, cuando hizo el servicio militar, se irritaba al descubrir entre él y sus hombres "el foso que separa al oficial de los soldados". ¿No habría que marchar hacia un mayor igualitarismo? En 1894 comenzó a publicar una revista a la que llamó *Le Sillon*. "Tenemos conciencia –decía allí– de que hace falta, al mezclarnos en la vida de nuestro siglo, llegar a amarla, a pesar y sobre todo a causa de sus perturbaciones y de sus miserias". Se iba notando en él una especie de enamoramiento del "mundo moderno", casi sin criticar sus deficiencias a partir de los principios firmes del catolicismo, tal como lo había hecho León XIII en sus documentos. Piensa Ploncard d'Assac que la principal culpa de esta tendencia la han de haber tenido los padres, los profesores, los educadores de aquellos jóvenes idealistas, un ambiente imbuido, sin duda, de liberalismo, que no supo prevenir a los estudiantes para que evitaran caer en la seducción de las falsas ideas imperantes.

No deja de resultar curioso un dato que nos ofrece Jean Madiran. Y es que el 25 de mayo de 1904, seis años antes de que Pío X condenara este movimiento, su fundador había escrito: "Un imperioso dilema debe plantearse pronto o tarde: o el positivismo monárquico de la *Acción francesa* o el cristianismo social del *Sillon*". A ello Charles Maurras contestó enseguida: "¿Por qué oponer? ¿Por qué excluir? La Acción francesa está abierta a los cristianos sociales; además el gran cristiano social La Tour du Pin es de los nuestros, ¿Por qué no ustedes? ¿No sería mejor unirse contra un enemigo común: el espíritu de la Revolución francesa?" Siguió un debate público, respetuoso, que duró dos años (1904-1905), y que poco a poco fue evidenciando la razón del dilema: el *Sillon* no era sólo "cristiano-social", era más bien "demócrata-cristiano", entendiendo por ello una cierta alianza política con la modernidad de izquierda, hacia la que se pretendía arrastrar a la Iglesia, en la ruptura de toda relación con los católicos tradicionalistas.

Como agudamente lo observa el mismo Jean Madiran, el principal obstáculo de Marc Sangnier lo constituía un reciente documento del papa León XIII, la encíclica *Graves de communi* (1901), que respondía negativamente a los católicos que reclamaban de la Santa Sede una política explícitamente "demócrata-cristiana". La encíclica buscaba delimitar el pensamiento católico en esta materia: "Sería ilícito referir a los políticos el término democracia cristiana [...] En la presente materia [la democracia cristiana] debe entenderse de modo que quitándosele todo sentido político, únicamente signifique la acción benéfica cristiana en favor del pueblo". No pocos demócratas de Francia se alegraron por la toma de posición de León XIII: "El papa finalmente se ha tragado la palabra, terminará por tragarse la obra". Pero el papa no llegó a "tragarla", y ello es lo que explica por qué Marc Sangnier continuaría presentándose públicamente como un simple "cristiano social". El debate con Maurras le forzó a reconocerse "demócrata cristiano", en un sentido perfectamente político, lo que ya lo distanciaba del pensamiento del papa.

Sea lo que fuere, el hecho es que desde 1905 se fue borrando cada vez más el carácter católico del movimiento, prescindiendo de quienes hasta entonces habían sido sus consejeros eclesiásticos, al tiempo que tomando distancia de la jerarquía.

Es importante considerar el ambiente en que se inició este movimiento. Lo haremos recurriendo a lo que sobre ello nos dice el padre Julio Meinvielle en su espléndido libro *De Lamennais a Maritain*. Allí leemos que *Le Sillon* no quiso ser una escuela filosófica sino un movimiento socio-político. Por eso es bueno recordar las características del medio en que apareció. El grupo como tal, comenzó a incubarse en 1893, en medio del revuelo que suscitó la aparición de las encíclicas *Rerum Novarum* y *Au milieu des sollicitudes*. Allí empezó a esbozarse un movimiento democrático-cristiano cuya consigna era: *"Il faut être démocrate, la religion l'exige et c'est le voeu du Saint Père"*. En nombre de lo que se dio en llamar el *ralliement*, por el que el papa exhortaba a los católicos franceses a trabajar dentro de la República, sin que ello significase aceptar los presupuestos de la Revolución francesa, pretendía ese grupo interpretar lo del papa como una orden de adhesión a la democracia moderna, la democracia liberal, lo que no estaba, por cierto, en la mente de León XIII ni en los textos por él hecho públicos. Se trataba, más bien, de una estrategia táctica para salvar lo salvable.

En esta tendencia se enroló Sangnier, un joven realmente brillante, lleno de contagioso empuje. Sus artículos, se dijo entonces, "son una especie de poemas en prosa, leyendas, apólogos no desprovistos de encanto, de sentimientos muy puros y casi pueriles". Sin embargo, ya desde los comienzos apuntaba una distorsión. Los sillonistas parecían considerar a la Iglesia como los primeros cristianos a la Sinagoga. Iban a misa, por cierto, pero su verdadero cenáculo era el sitio donde brillaba la gracia de los tiempos nuevos. Un periódico liberal escribió a propósito de una de las conferencias de Sangnier: "Un nuevo mesías ha venido a anunciar el reino de la fraternidad humana". Recordemos lo que había dicho Fogazzaro: "Los Mesías son los que hacen progresar la religión". No es que estuviese demasiado seguro de su posición. Él mismo dijo: "No sabemos a dónde vamos". Pero ello no importaba demasiado. Para él y su grupo el catolicismo más que una doctrina era una vida: "La experiencia religiosa es nuestra guía", decían, y también: "Cristo es más experiencia que demostración".

Dos obras sirvieron de cabecera a los sillonistas, una de monseñor Ireland, obispo de los Estados Unidos, de quien hemos hablado al tratar del americanismo, llamada *L´Église et le Siècle,* en cuyo prefacio, escrito por el padre Klein, se podía leer que la Iglesia "bendice la democracia y la considera como la eflorescencia de sus propios principios de igualdad, de fraternidad, de libertad de todos los hombres delante de Cristo y por Cristo". La otra era una obra del vizconde Eugenio Melchor de Vogüé, *Roman russe,* que puso el tolstoísmo de moda en Francia. En este ambiente tan sacudido, señala el padre Meinvielle, tanto por el *ralliement* como por las encíclicas sociales de León XIII, aquellas obras debieron parecer a la juventud soñadora del fin de siglo, optimista y llena de expectativas, como el olvido definitivo del pasado y la aurora del porvenir; sobre las ruinas del mundo antiguo se levantaría el nuevo orden de la ciudad futura. La gran preocupación del momento era para ellos conciliar la Iglesia con el mundo moderno, a pesar de que Pío IX había dicho lo contrario en la última proposición del *Syllabus,* lograr la conjunción de la Iglesia y del Estado laicista, la reconciliación entre el catolicismo y la sociedad ganada para las ideas de 1789, en una palabra, el olvido de la Cristiandad.

En 1904 comenzó a aparecer el periódico mensual del movimiento. El primer artículo era una convocatoria "a nuestros hermanos de veinte años". Se sentían pioneros de una posible asunción de la democracia, pero liberada del sectarismo. Tal sería su meta suprema. Tratar de formar "un *Sillon* más amplio", donde se uniesen todos los que estaban a su favor, liberales, socialistas, católicos, protestantes, ateos. Cada uno de ellos poseía elementos convergentes que los podrían conducir a Cristo. El ambiente dominante de la juventud, incluso fuera del catolicismo, era de rutina y de una generalizada sensación de "estar superados" por los acontecimientos y la marcha de la historia. Ya en 1902 un protestante liberal confesaba en una conferencia: "Nosotros, pastores, cuando reunimos a los jóvenes, la esperanza de las generaciones futuras, el semillero de nuestras iglesias, la mayor parte del tiempo nos sentimos molestos en nuestra enseñanza, tenemos la sensación de que caminamos sobre un terreno agrietado, archiagrietado, y al repetir las viejas historias que acunaron nuestra infancia, estamos convencidos de que carecemos de sinceridad y no decimos siempre la verdad".

Mientras tanto, el grupo *Le Sillon* seguía expandiéndose. Todavía en la Iglesia no se había percibido la perniciosidad de la empresa. Sus círculos de estudio se multiplicaban incesantemente en la mayoría de los colegios católicos y en muchos seminarios, mayores y menores, casi siempre con la aprobación y hasta el aliento de los superiores. Sus miembros creían estar trabajando por la Iglesia y por la extensión del catolicismo. Su joven líder, aclamado por doquier, gozaba de gran reputación.

En cierta ocasión llegó hasta ser invitado para que hablase en un convento de monjas de clausura. Los almanaques y folletos de *Le Sillon* tenían amplia difusión en colegios y parroquias. Por otra parte, numerosos obispos franceses los miraban con benevolencia; en París, Lyon, Limoges y Nice, Sangnier era recibido triunfalmente. Algunos de esos obispos presidían congresos del movimiento; celebraban misas de apertura, pronunciaban alocuciones y recomendaban a sus seminaristas *Le Sillon*. Poco tiempo hacía, en 1902, el cardenal Rampolla le había escrito a Sangnier una benévola carta en nombre del Santo Padre. El mismo Pío X recibió al joven dirigente en 1903. El cardenal Merry del Val, en vísperas de un congreso organizado por el movimiento, le escribía así a otro obispo: "Su Santidad se ha complacido estimular la sabia iniciativa de *Le Sillon*, con la esperanza de ver siempre sus buenos resultados al servicio de la religión para el despertar de la fe y de los sentimientos católicos", y al cardenal Richard, arzobispo de París, le decía en carta: "Su Santidad alaba a Vuestra Eminencia por el favor acordado a los jóvenes del *Sillon*".

2. La intervención del papa

Sin embargo, con el pasar del tiempo, se fue advirtiendo que detrás de algunos buenos propósitos, se escondía una ideología insostenible. Y así un grupo de obispos más lúcidos, sobre todo franceses, empezaron a hacer públicas sus disidencias con Sangnier y los suyos. Uno de los que con más perspicacia comenzó a ver la gravedad del intento fue el propio papa Pío X quien creyó necesario escribir una carta apostólica, *Notre charge apostolique*, a los obispos de Francia, llamándoles la atención sobre las falacias y errores del movimiento. Podría decirse que así como el ataque desde el exterior de la Iglesia fue respondido en la encíclica *Vehementer nos*, al que provenía del interior le salió al paso la carta apostólica *Notre charge apostolique*. Porque de hecho el movimiento había incurrido en graves errores, mostrando sus intenciones hasta entonces más o menos encubiertas. Sus seguidores ya se animaban a sostener sin ambages la autonomía completa de la conciencia cívica, a considerar la democracia como única forma legítima de gobierno, a tender la mano a los anteriormente considerados enemigos, a desacatar el magisterio de la Iglesia.

Analicemos esta notable carta de Pío X, dirigida a los obispos franceses, *Notre charge apostolique*, que apareció el 25 de agosto de 1910, y que puso fin al equívoco introducido en las filas católicas por *Le Sillon*. Allí señala el papa: "Era el día siguiente de la memorable encíclica de nuestro antecesor, de feliz memoria, León XIII, sobre la situación de los obreros [la *Rerum novarum*]. La Iglesia, por boca de su jefe supremo, había derramado sobre los humildes y los pequeños todas las ternuras de su corazón". El Santo Padre parecía anhelar, justamente, el surgimiento de católicos que se preocupasen de la justicia en nuestra sociedad perturbada.

> ¿No venían los fundadores de *Le Sillon* en el momento oportuno, a poner en su servicio tropas jóvenes y creyentes para la realización de sus deseos y de sus esperanzas? De hecho, *Le Sillon* levantó entre las clases obreras el estandarte de Jesucristo [...] proclamando alta y valerosamente su fe.

Pero los hechos posteriores, prosigue el papa, trajeron la decepción:

> Porque, hay que decirlo, nuestras esperanzas se vieron en gran parte defraudadas. Vino un día en que *Le Sillon* acusó, para los ojos clarividentes, tendencias inquietantes [...] Los consejos no les faltaron; tras los consejos vinieron las amonestaciones; pero hemos tenido el dolor de ver que tanto los avisos como las amonestaciones resbalaban sobre sus almas esquivas y quedaban sin resultado. Las cosas han llegado a tal punto, que Nos traicionaríamos nuestro deber si guardásemos silencio por más tiempo. Nos somos deudores de la verdad a nuestros queridos hijos de *Le Sillon,* a quienes un ardor generoso ha puesto en un camino tan falso como peligroso. Somos deudores a un gran número de seminaristas y de sacerdotes que *Le Sillon* ha sustraído, si no a la autoridad, sí al menos a la dirección y a la influencia de sus obispos.

Quizás se tardó demasiado en desenmascarar este intento.

> Hemos dudado mucho tiempo, venerables hermanos, –señala el papa a los obispos franceses–, en decir pública y solemnemente nuestro pensamiento sobre *Le Sillon*. Ha sido necesario que vuestras preocupaciones vinieran a unirse a las nuestras para

decidirnos a hacerlo. Porque amamos a la valerosa juventud enrolada bajo la bandera de *Le Sillon*, y la juzgamos digna, en muchos aspectos, de elogio y de admiración. Amamos a sus jefes, en quienes Nos reconocemos gustosamente almas elevadas, superiores a las pasiones vulgares y animadas del más noble entusiasmo por el bien.

Sin embargo, como ya había afirmado al comienzo del documento, más allá de toda vacilación,

nuestro cargo apostólico nos obliga a vigilar por la pureza de la fe y por la integridad de la disciplina católica; a preservar a los fieles de los peligros del error y del mal, sobre todo cuando el error y el mal les son presentados con un lenguaje atrayente, que ocultando la vaguedad de las ideas y el equívoco de las expresiones bajo el ardor del sentimiento y de la sonoridad de las palabras, puede encender los corazones en favor de causas seductoras pero funestas. Tales han sido en otro tiempo la doctrina de los llamados filósofos del siglo XVIII, las de la Revolución y las del liberalismo, tantas veces condenadas; tales son también hoy día las teorías de *Le Sillon*, que, bajo sus brillantes y generosas aspiraciones, faltan con mucha frecuencia a la claridad, a la lógica y a la verdad y, bajo este aspecto, no realzan el genio católico y francés.

Al correr de la Carta varias veces el papa expresa su decepción:

¡En qué ha venido a parar el catolicismo de *Le Sillon*! ¡Ay! El que diera antes tan hermosas esperanzas, aquel río cristalino e impetuoso ha sido captado en su curso por los enemigos modernos de la Iglesia, y ya no constituye más que un miserable afluente del gran movimiento de apostasía organizado en todas las naciones para el establecimiento de una Iglesia universal sin dogmas ni jerarquía [...] Conocemos muy bien los sombríos laboratorios donde se elaboran estas doctrinas deletéreas que no debían seducir a espíritus suspicaces.

3. *Los equívocos de Le Sillon*

Consideremos ahora los diversos errores de *Le Sillon,* según los denuncia el papa en su documento. Señala primeramente su desobediencia a la jerarquía eclesiástica, como si quisieran marginarse de la Iglesia. "Conviene censurar severamente –leemos en el documento– la pretensión de *Le Sillon,* de sustraerse a la dirección de la autoridad eclesiástica. Los jefes de *Le Sillon* alegan que se mueven en un terreno que no es el de la Iglesia, que sólo se proponen fines de orden temporal, y no de orden espiritual; que el sillonista es sencillamente un católico dedicado a la causa de las clases trabajadoras, a las obras democráticas, y que saca de las prácticas de su fe la valentía de su sacrificio". El papa reprueba la pretensión sillonista de haber elaborado una doctrina social propia para reorganizar la sociedad, formándose un concepto especial de la dignidad humana, de la libertad, de la justicia, y de la fraternidad; "para justificar sus sueños sociales, apelan al Evangelio interpretado a su modo, y, lo que es más grave todavía, a un Cristo desfigurado y disminuido". Tal autodeterminación no tiene cabida en la Iglesia. De hecho, agrega el papa, en sus grupos inculcan ideas sociales, cívicas y religiosas, por lo que "tenemos el derecho de decir que el fin de *Le Sillon,* su carácter, su acción, pertenecen al dominio de la moral, que es el dominio propio de la Iglesia". Se equivocan, pues, rotundamente "cuando creen obrar en un terreno en cuyos linderos expiran los derechos del poder doctrinal y directivo de la autoridad eclesiástica".

La idea que se esconde en el telón de fondo de la tesitura del sillonismo es categórica: salvo en materia religiosa, el hombre es completamente autónomo. Lo es en la política, en la economía y en la filosofía. Dicha tesis, señala el papa, contraría la doctrina católica sobre la libertad social y política expuesta por León XIII en su encíclica *Libertas.* Con ello mostraba la continuidad que hay entre su doctrina y la de León XIII. En la revista *"Le Sillon"* se había escrito que desde el Concilio de Trento la Iglesia se encontraba en una postura "falsa, encogida, hostil, intolerante" y que los sillonistas se encargarían de transgredirla "según las luces de su conciencia y de su experiencia, y no según la consigna de los clérigos, incluso de los obispos, incluso del Santo Padre". Ya en esos momentos Sangnier se sentía fuerte para poder romper sus lazos con la Iglesia. A un obispo le había escrito: "Nosotros nos inclinamos ante la autoridad religiosa en cuanto autoridad religiosa, pero entendemos, por lo demás, ser libres en nuestras acciones". En 1906 le había dicho en carta al director de "La Croix": *"Le Sillon* tiene por fin realizar en Francia la República democrática. No es propia y directamente hablando una obra católica, en el sentido de que no es una obra cuyo fin particular es ponerse a disposición de los obispos y de los párrocos para ayudarlos en su propio ministerio". Porque *Le Sillon* era un movimiento *laico*, que en modo alguno necesitaba la aprobación de cardenales y obispos para poder ser republicano y demócrata.

Algunos han creído advertir cierto paralelismo entre el deseo enarbolado por *Le Sillon* de adaptarse a la civilización moderna y la obra emprendida por Loisy en el plano de la teología; más aún, la insistencia de Loisy en pro de la autonomía del exégeta y del historiador de los dogmas respecto del magisterio eclesiástico parecía en la misma línea que las reivindicaciones de *Le Sillon* en pro de la autonomía de los seglares y de la sociedad civil respecto a la "autocracia clerical".

El documento expone luego las teorías sociales del movimiento. "*Le Sillon* –señala el texto– tiene la noble preocupación de la dignidad humana. Pero esa dignidad la entiende a la manera de algunos filósofos, de los que la Iglesia está lejos de tener que alabarse". No hay dignidad, afirman, sin libertad. Tal "dignidad" pareciera pedir, a su juicio, una triple emancipación. Ante todo, de cualquier autoridad que sea distinta del pueblo (emancipación política); luego, de la dependencia de los patrones, que oprimen (emancipación económica); y, finalmente, de una casta dirigente que detenta la hegemonía doctrinal (emancipación intelectual). "La nivelación de las condiciones, desde este triple punto de vista, establecerá entre los hombres la igualdad, y esta igualdad es la verdadera justicia humana. Una organización política y social fundada sobre esta base, la libertad y la igualdad (a las cuales se unirá bien pronto la fraternidad), he aquí lo que los sillonistas llaman democracia". Acota el papa: "¿Acaso tenían esa dignidad los Santos, por quienes llegó a su apogeo la dignidad humana […] y los humildes de la tierra […] a quienes un día sacará el Señor de su condición oscura para colocarlos en el cielo entre los príncipes de su pueblo?"

A juicio del sillonismo toda desigualdad de condición es una injusticia o, por lo menos, una justicia menor. Lo que así comenta la carta apostólica: "Principio totalmente extraño a la naturaleza de las cosas, productor de envidias y de injusticias, y subversivo de todo orden social". Por lo demás, tales doctrinas no quedaban en el dominio de la abstracción teorética, sino que eran enseñadas a la juventud católica para que fuesen "vividas", llevadas a la práctica. Por ejemplo en *Le Sillon* no se reconocía jerarquía alguna. La entrada era libre, así como la salida. Los estudios se hacían sin maestro, a lo más con consejeros. En los círculos de estudio cada cual era a la vez discípulo y maestro. La camaradería más absoluta reinaba entre sus miembros. Cuando un sacerdote entraba allí, dejaba en la puerta su dignidad, y se convertía en un discípulo más, un camarada. Los sacerdotes que permanecían ajenos al movimiento eran, ellos sí, considerados retrógrados; no integraban las filas de los pioneros de la civilización futura; representaban justamente la vieja jerarquía, las desigualdades sociales, la autoridad y la obediencia; adherían a instituciones decrépitas a las cuales las almas de los sillonistas, estimulados por otro ideal, no podían plegarse.

Al exponer dichas reconvenciones, San Pío X no oculta su indignación: se siembra en nuestra juventud la desconfianza a la Iglesia, su madre; se le enseña que después de diecinueve siglos no ha logrado en el mundo construir la ciudad sobre sus verdaderas bases; "que no ha comprendido las nociones sociales de la autoridad, de la libertad, de la igualdad, de la fraternidad y de la dignidad humana; que los grandes obispos y los grandes monarcas que han creado y han gobernado tan gloriosamente a Francia no han sabido dar a su pueblo ni la verdadera justicia ni la verdadera felicidad, porque no tenían el ideal de *Le Sillon*. El soplo de la Revolución ha pasado por aquí", concluye enfáticamente el papa.

Libertad, igualdad, pero también fraternidad, para completar el tríptico famoso. La noción de la fraternidad sillonista englobaba en la misma tolerancia todas las ideas. "Ahora bien –les replica el papa–, la doctrina católica nos enseña que el primer deber de la caridad no está en la tolerancia de las convicciones erróneas, por muy sinceras que ellas sean, ni en la indiferencia teórica o práctica hacia el error o el vicio en el que vemos sumergidos a nuestros hermanos, sino en el celo por su mejoramiento intelectual y moral, no menos que por su bienestar material". Por lo demás, agrega, el sillonismo separa la fraternidad de la caridad cristiana. La fuente del amor al prójimo se halla en el amor a Dios, Padre común, y en el amor a Jesucristo, cuyos miembros somos. "Al separar la fraternidad de la caridad cristiana así entendida, la democracia, lejos de ser un progreso, constituiría un retroceso desastroso para la civilización".

En el telón de fondo de la carta apostólica se hace evidente que el papa vio en *Le Sillon* un movimiento en dependencia ideológica de la Revolución francesa, especialmente de su tríptico libertad-igualdad-fraternidad. De hecho encontramos en el repertorio de las publicaciones de *Le Sillon* frases reveladoras como ésta: "Vendrá el día de las fiestas republicanas, y será como un atardecer sillonista agrandado inmensamente. Al son religioso de los grandes himnos revolucionarios se mezclarán [...] los cánticos poderosos y contenidos de la democracia que se está haciendo nacer". Y también: "Numerosos son los jóvenes sacerdotes, relegados a la sombra de los presbiterios silenciosos o al recogimiento de los vastos seminarios, que se sienten hijos de esos humildes curas del 89, que ponían su mano sacerdotal en la de los valientes plebeyos". Asimismo: "Robespierre, Danton y Desmoulins eran profundamente religiosos. Su filosofía religiosa era la sustancia misma del cristianismo del que Francia vivía". Tales eran los nuevos Padres de la nueva Iglesia democrática, comenta Ploncard d'Assac… Bien lo advirtió el papa al decir que "el soplo de la Revolución ha pasado por aquí".

Apoyándose, como dijimos, en los pasos que dio León XIII con motivo del *ralliement*, Marc Sangnier entendió que dicha estrategia implicaba poco menos que la canonización de la democracia, cuando sólo se trató de una medida táctica, muy discutible, por cierto, y que de hecho no obtuvo los resultados apetecidos por aquel papa. Para Sangnier había sido poco menos que un cambio copernicano en la concepción católica de la política. En su periódico llegó a escribir: "La creencia en la divinidad de Jesucristo es una fuerza que, subordinando el interés particular al general, hace posible la democracia". En el ambiente sillonista se recogían expresiones como éstas: "La democracia es la traducción en el orden social y político de la «equivalencia fraternal de las almas», y la idea democrática es «un efecto del trabajo interno del fermento evangélico en el alma humana»". Marc Sangnier se embriagaba de entusiasmo ante la irresistible ascensión y extensión de la democracia que él consideraba como la meta de todas las aspiraciones y de todos los esfuerzos de los pueblos cristianos, así como el broche de oro de la historia de Francia. "Sabemos mejor que nadie –escribe– que Francia no data de 1789". Esta casa, agrega, se ha hecho lentamente, poniéndose piedra sobre piedra en la secular colaboración del pueblo y del rey; no se puede desconocer el esfuerzo tradicional de Francia, a lo largo de los siglos, con el feudalismo, el desarrollo maravilloso de las comunas, la ascensión constante de la burguesía, las reivindicaciones más y más preciadas del Tercer Estado. Todo ello fue una lenta y sólida preparación de la democracia que soñamos". La democracia aparece así como el punto final de la tradición secular de Francia. Todo trabajaba para su eclosión actual.

Lo peor fue entender la democracia como la única forma legítima de gobierno. Siempre, es verdad, comenta el padre Meinvielle, se la consideró legítima. Pero bastó que León XIII hubiese usado la palabra, recordando su legitimidad como forma posible de gobierno, para que se la presentase como iniciando una nueva época. Así fue como el sillonismo vio en ella la única forma justa de régimen político. Lo que León XIII consideró forma lícita y posible de gobierno, se lo entendió como si la democracia fuese la única forma viable de gobierno. Nada, pues, de extraño que el reproche principal que Pío X lanzó a la democracia cristiana de Marc Sangnier fue el de considerar la democracia como el único régimen político aceptable. Y, por tanto, como observa Jean Madiran, de querer unir ideológicamente la Iglesia al advenimiento y desarrollo de la democracia en Francia y en el mundo.

Así, se escribe en el documento del papa, "su catolicismo [el de *Le Sillon*] no se acomoda más que a la forma de gobierno democrática, que juzga ser la más favorable a la Iglesia e identificarse por así decirlo con ella; enfeuda, pues, su religión a un partido político. Nos no tenemos que demostrar que el advenimiento de la democracia universal no significa nada para la acción de la Iglesia en el mundo; hemos recordado ya que la Iglesia ha dejado siempre a las naciones la preocupación de darse el gobierno que juzguen más ventajoso para sus intereses. Y así afirmamos una vez más, siguiendo a nuestro predecesor, que hay un error y un peligro en enfeudar, por principio, el catolicismo a una forma de gobierno".

A ello el papa agrega un dato esencial: aquel error y aquel peligro, enseña, "son tanto más graves cuando se identifica la religión con un género de democracia cuyas doctrinas son erróneas". Tal era la democracia liberal, la imperante en Francia, e incipientemente, en otros países. Como ha escrito Meinvielle: "Si detrás de ese vocablo se ocultara una filosofía total de la vida, diversa de la concepción católica e inspirada en las máximas y fórmulas del iluminismo masónico, es evidente que la Iglesia no podía aceptar tal democracia". Dicha democracia, agregamos nosotros, que pone todas las posibilidades al alcance de la mayoría, que hace depender del número el bien y el mal, es la que hoy está en vigor. Ella no vacila en arrogarse el derecho de decidir lo que es bueno y lo que es malo, cómo se ha de gobernar la ciudad en lo religioso, en lo moral, en lo económico y en lo político. Una democracia así entendida resulta incompatible con la civilización cristiana, que no puede poner en cuestión el orden natural y el sobrenatural; resulta incompatible, pues, con el ideal de Cristiandad. Bien hace así Meinvielle en afirmar que "la democracia moderna comporta en sus entrañas la exclusión de la soberanía pública de Cristo y de su Iglesia". Es el tipo de democracia que introdujo la Revolución francesa. De ahí el acierto de la constatación que hace el papa: "El ideal [de los jefes del *Sillon*] está emparentado con el de la Revolución, y así no temen hacer entre el Evangelio y la Revolución comparaciones blasfemas". Para ellos, la democracia era el bien supremo, al que debía subordinarse todo, incluida la religión.

En el planteo exageradamente generoso que *Le Sillon* hacía de la democracia, quedaba en tela de juicio el principio de autoridad, principio esencial en la concepción católica de la política. Ya en 1874, Pío IX, dirigiéndose a un grupo de peregrinos franceses, les había dicho: "El sufragio universal es una mentira universal". Y poco después León XIII, en una de sus encíclicas, la *Diuturnum illud,* hecha pública en 1881, sobre el origen del poder en la política, había escrito: "Muchos de nuestros contemporáneos, siguiendo las huellas de aquellos que en el siglo pasado se dieron a sí mismos el nombre de «filósofos», afirman que toda autoridad viene del pueblo; por lo cual, los que ejercen el poder no lo ejercen con autoridad propia, sino como mandato o delegación del pueblo, y de tal manera que tiene rango de ley la afirmación de que la misma voluntad que entregó el poder puede revocarlo a su antojo. Muy diferente es en este punto la doctrina católica, que pone en Dios, como en principio natural y necesario, el origen de la autoridad política". En la misma vertiente se ubica Pío X al censurar a *Le Sillon* por "colocar primordialmente la autoridad pública en el pueblo, del cual deriva inmediatamente a los gobernantes, de tal manera, sin embargo, que continúa residiendo en el pueblo".

El mismo León XIII, en su momento, había refutado este intento de conciliar la doctrina católica con el error del filosofismo. Es cierto, señalaba, que quienes presiden el gobierno político puedan a veces ser elegidos por el juicio popular. "Pero si esta elección designa al gobernante, no le confiere la autoridad de gobernar, no delega el poder como un mandato, sino que sólo designa la persona que lo ha de ejercer". Porque, acota Pío X, si el pueblo fuese el que tiene el poder, ¿qué queda de la autoridad? "Una sombra, un mito; no hay ya ley propiamente dicha, no existe ya la obediencia […]; en la ciudad futura […] todos los ciudadanos serán libres, todos camaradas, todos reyes". ¿Acaso agrega, no es necesaria la autoridad? Y si hay en la sociedad seres perversos ¿no deberá la autoridad ser fuerte para castigarlos? ¿Acaso la obediencia de los hombres a los que representan a Dios es una falta de libertad? "He aquí la grandeza y la nobleza humana ideal realizada por la célebre trilogía: libertad, igualdad, fraternidad –dice el papa no sin ironía– [...] Tal es, en resumen, la teoría, se podría decir el sueño de *Le Sillon* [...] de donde brotará el reino de la justicia, de la libertad, de la igualdad y de la fraternidad". En Sangnier, escribe Ploncard d'Assac, había algo de Rousseau, pues ponía todas sus esperanzas en "una unanimidad moral tal, que ya no habría, propiamente hablando, órdenes dadas por algunos y ejecutadas por otros". Más aún, llegó a afirmar que su ideal sería "que cada uno se diese a sí mismo la orden a la que obedece", según leemos en el periódico "Le Sillon". Era el mito de la "volonté générale" del *Contrato Social*.

Dentro de ese concepto de exaltación de la democracia cobra sentido el tipo de apego que mostraba *Le Sillon* a la clase obrera. Desde su aparición, aquel grupo predileccionó el acercamiento a las clases trabajadoras, siempre, como era de esperarse, dentro de una tendencia claramente democrática. Es cierto que también León XIII había mostrado un especial afecto por la clase obrera, pero con ciertos recaudos, según acabamos de señalarlo. Nuestros novadores, en cambio, leemos en la carta apostólica de Pío X, "no sólo han adoptado un programa y una enseñanza diferentes de los de León XIII, sino que, rechazando abiertamente el programa por él trazado, adoptan otro diametralmente opuesto". Porque Sangnier entendió que la manera de ayudar a los obreros pasaba por un acercamiento al socialismo. Se ha dicho que en algunos de los escritos de *Le Sillon* se advierten semejanzas con el pensamiento de Jean Jaurès. "No hay nada más torpe ni más humillante que ser antisocialistas –dijo Sangnier en uno de sus discursos–. En verdad, camaradas, nosotros no nos agrupamos para combatir al socialismo sino porque tenemos un ideal positivo que queremos realizar. No queremos destruir el socialismo, queremos purificarlo, transformarlo, absorberlo en el gran movimiento de la democracia francesa". En su carta apostólica el papa es categórico: "Sí, verdaderamente, se puede decir que *Le Sillon* escolta al socialismo con la mirada fija en una quimera".

Pío X advirtió con claridad el sentido de la traspolación que se intentaba, señalando cómo los sillonistas habían querido introducir la imagen de Cristo en este trabajo de transfiguración del socialismo dentro del espíritu de la democracia.

> Nos queremos llamar vuestra atención, venerables hermanos, sobre esta deformación del Evangelio y del carácter sagrado de Nuestro Señor Jesucristo, Dios y hombre, practicada en el *Sillon* y en otras partes. Cuando se aborda la cuestión social, está de moda en algunos medios eliminar primeramente la divinidad de Jesucristo y luego no hablar más que de su soberana mansedumbre, de su compasión por todas las miserias

humanas, de sus apremiantes exhortaciones al amor del prójimo y a la fraternidad. Ciertamente, Jesús nos ha amado con un amor inmenso, infinito, y ha venido a la tierra a sufrir y a morir para que, reunidos alrededor de Él en la justicia y en el amor, animados de los mismos sentimientos de caridad mutua, todos los hombres vivan en la paz y en la felicidad. Pero a la realización de esta felicidad temporal y eterna ha puesto, con una autoridad soberana, la condición de que se forme parte de su rebaño, que se acepte su doctrina, que se practique su virtud y que se deje uno enseñar y guiar por Pedro y sus sucesores. Porque, si Jesús ha sido bueno para los extraviados y los pecadores, no ha respetado sus convicciones erróneas, por muy sinceras que pareciesen; los ha amado a todos para instruirlos, convertirlos y salvarlos […] Si su corazón desbordaba mansedumbre para las almas de buena voluntad, ha sabido igualmente armarse de una santa indignación contra los profanadores de la casa de Dios.

Pues bien, los sillonistas, con la siempre retomada exaltación de los sentimientos, tan propia del modernismo, la ciega bondad de su corazón, su misticismo filosófico, mezclado con algo de iluminismo, "se han dirigido hacia un nuevo evangelio, en el que han creído ver el verdadero Evangelio del Salvador, hasta el punto de que osan tratar a Nuestro Señor Jesucristo con una familiaridad soberanamente irrespetuosa y de que, al estar su ideal emparentado con el de la Revolución, no temen hacer entre el Evangelio y la Revolución aproximaciones blasfemas, que no tienen la excusa de haber brotado de cierta improvisación apresurada".

Pasando a otro punto, no desprovisto de conexión con el anterior, el papa fustiga en su documento la lenta pero decidida derivación de *Le Sillon* inicial a un cierto ecumenismo indiferentista. Hubo un tiempo, dice el papa, en que *Le Sillon*, como tal, era formalmente católico. En materia de moral sólo reconocía al catolicismo y afirmaba que la democracia sería católica o no sería democracia. Pero llegó un momento en que se produjo un cambio sustancial: había que dejar que cada cual tuviese su religión o su filosofía. Dejó así de llamarse católico, y a la fórmula anterior –"la democracia será católica"–, substituye una nueva: "la democracia no será anticatólica", como no será antijudía o antibudista.

Fue en febrero de 1907, cuando Marc Sangnier, durante un congreso en Orleans, anunció su intención de fundar bajo el nombre de "Sillon más grande", un movimiento donde católicos, protestantes e incluso ateos, se agruparían en una especie de "centro de unidad moral", juntando "todas las fuerzas animadas consciente o inconscientemente del espíritu cristiano, ya participasen de nuestra fe positiva o no, con tal de que fueran capaces de llevar a la Democracia un sentido real de justicia y de fraternidad". En el Boletín oficial del movimiento se podía leer: "Víctor Hugo, Combeferre, Courbeyrac, por más librepensadores que se intitulen, son verdaderamente cristianos [...] Todos aquellos, cualesquiera fuesen, que admitan este ideal de belleza, de justicia y de bondad, aunque fueren injustos y odiados para el catolicismo, todos éstos están con nosotros". Y en otro número de la misma publicación: "Aquellos que quieren dedicar un mármol a Zola deben saber que su sitio está señalado en la encrucijada de donde la ruta conduce a la verdad ideal". Pocos años después, refiriéndose a Gorki, en otra revista, se mostraría enternecido frente a "estos anarquistas de alma mística y profunda, de sueños turbios y dulces que la Santa Rusia encierra piadosamente en su casto seno como gérmenes inquietantes de rebelión y de extraña redención. Por otra parte, Gorki, Tolstoi, cono todos aquellos de allá, tienen almas religiosas [...] Descubrámosles el verdadero cristianismo [...], enseguida se echarán sobre él perdidamente como en el término doloroso de sus inquietas búsquedas". Ya en 1905 había tenido lugar en París un mitin en favor de los revolucionarios rusos. Marc Sangnier figuró entre los oradores, al lado de Anatole France, Clemenceau y otros.

Interesante esta adhesión al socialismo y al comunismo incipiente. No deja de tener su lógica. Tras haber comulgado con el ideario de la Revolución francesa, no resulta demasiado extraño que hayan mirado con simpatía a su hijo dilecto, el marxismo. Así se fue gestando este *Sillon* más amplio", que buscaba agrupar a todos, creyentes y no creyentes, con tal de que aceptasen "el ideal cristiano", de la libertad, igualdad y fraternidad, activado por esa élite que con "el espíritu de *Le Sillon*", como se dijo, "la vida de *Le Sillon*", "la amistad de *Le Sillon*", estaba extendiendo el número de los camaradas que participarían desde diversas barricadas en este extraño combate. Es cierto que quedaba un enemigo, no incluible en sus huestes, el de aquellos católicos "cerrados" que, como se afirmó, "no han comprendido la repercusión del ideal cristiano en el dominio político y social". A ellos, en un artículo titulado "Los enemigos interiores del catolicismo", se los enrostra "porque no quieren ceder una piedra de sus fortalezas tan desmanteladas, y si encierran en las profundidades de sus almas heroicas la fe de los abuelos, es, a no dudarlo, en compañía de viejos ídolos de un egoísmo estéril y nocivo". Tales ídolos son los vínculos tradicionales de la antigua civilización, de la Cristiandad, digámoslo.

Citemos lo que dice el texto pontificio sobre este novedoso ecumenismo. "Todos los grupos nuevos quedan en apariencia autónomos: a los católicos, a los protestantes, a los librepensadores se les pide que se pongan a trabajar. Los camaradas católicos trabajarán entre ellos en una organización especial para instruirse y educarse. Los demócratas protestantes y librepensadores harán lo mismo por su parte". Esa nueva organización de la acción sillonista, agrega el papa, provoca graves reflexiones: "He aquí, fundada por católicos, una asociación interconfesional para trabajar en la reforma de la civilización". Olvidan que "no hay verdadera civilización sin la civilización moral, y no hay verdadera civilización moral sin la verdadera religión: ésta es una verdad demostrada, este es un hecho histórico […] Ello supuesto, ¿qué pensar de la promiscuidad en que se encontrarán colocados los jóvenes católicos con heterodoxos e incrédulos de toda clase en una obra de esta naturaleza […]? ¿Qué pensar de un católico que al entrar en su círculo de estudios deja su catolicismo a la puerta para no asustar a sus camaradas […]?" El papa reitera su extrañeza al ver a estos jóvenes católicos procurando volver a fundar la sociedad con obreros venidos de todas partes, de todas las religiones, o sin religión, con tal de que olviden lo que los divide y pongan en común lo que los une, su generoso idealismo.

> Cuando se piensa en todo lo que ha sido necesario de fuerzas, de ciencia, de virtudes sobrenaturales para establecer la ciudad cristiana, y de los sufrimientos de millones de mártires, y las luces de los Padres y de los Doctores de la Iglesia, y la abnegación de todos los héroes de la caridad, y una poderosa jerarquía nacida del cielo, y los ríos de gracia divina, y todo lo edificado, unido, compenetrado por la vida y el espíritu de Jesucristo, Sabiduría de Dios, Verbo hecho hombre; cuando se piensa, decimos, en todo esto, queda uno admirado al ver cómo los nuevos apóstoles se esfuerzan por mejorarlo con la puesta en común de un vago idealismo y de las virtudes cívicas.

> ¿Qué van a producir, qué es lo que va a salir de esta colaboración? Una construcción puramente verbal y quimérica, en la que veremos reflejarse desordenadamente y en una confusión seductora las palabras de libertad, justicia, fraternidad y amor, igualdad y exaltación humana, todo basado sobre una

dignidad humana mal entendida. Será una agitación tumultuosa, estéril para el fin propuesto, y que aprovechará a los agitadores de masas menos utopistas. Sí, verdaderamente, se puede afirmar que *Le Sillon* se ha hecho compañero de viaje del socialismo, puesta la mirada sobre una quimera. Nos tememos algo todavía peor. El resultado de esta promiscuidad en el trabajo, el beneficiario de esta acción social cosmopolita no puede ser otro que una democracia que no será ni católica, ni protestante, ni judía; una religión (porque el sillonismo, sus jefes lo han dicho, es una religión) más universal que la Iglesia católica, reuniendo a todos los hombres, convertidos, finalmente, en hermanos y camaradas en el reino de Dios. "No se trabaja para la Iglesia, se trabaja para la humanidad".

La carta *Notre charge apostolique* significó, juntamente con la encíclica *Pascendi*, la condenación formal del modernismo, tanto en el plano teológico como en el pastoral y social. *Le Sillon* defendía, en última instancia, la Revolución, sumado al agravante de enmascarar con la religión ese objetivo y de asegurar que defendían así la verdadera expresión del cristianismo. Con tales palabras arrancaba el informe que el gran teólogo jesuita, el padre Louis Billot, había elevado para responder a la pregunta de la Santa Sede sobre la conveniencia o no de condenar a Marc Sangnier y a sus seguidores. Sangnier es un *champion de l'erreur libérale*, decía allí Billot, que así concluía su informe: "El fanatismo revolucionario que lo anima es el medio más eficaz para implantar el modernismo en el alma de la juventud, y, más particularmente, de la juventud católica". De hecho, los modernistas, en su gran mayoría, se sintieron identificados con *Le Sillon*, que en cierto modo encarnaba los ideales de Fogazzaro. La clave de su éxito era su apariencia de fidelidad al espíritu del Evangelio, sus ideas generosas y brillantes, revestidas de misticismo religioso. ¿Quién era Jesús? El primero de los grandes revolucionarios. ¿Qué era la democracia? Una causa sagrada. En el terreno moral *Le Sillon* constituía una especie de prolongación del "americanismo": nada de virtudes pasivas para los ciudadanos lúcidos y responsables.

En la carta del papa a los obispos de Francia se deja advertir en todo momento con cuánto dolor llega a la condenación de los sillonistas. Allí recuerda "la exaltación de sus afectos, la ciega bondad de su corazón, el misticismo filosófico" de aquellos jóvenes puestos al servicio de "un nuevo evangelio, en el cual han creído ver el verdadero Evangelio del Salvador". Pero tras ese espíritu idealista fallido el papa denuncia, según lo señalamos más atrás, la gravedad del intento: "No constituye más que un miserable afluente del gran movimiento de apostasía, organizado en todas las naciones".

La carta apostólica está fechada el 25 de agosto de 1910, hace casi justamente un siglo. La condena cayó como un rayo. Loisy la calificó como "el terror negro". Veía en ese acto, y no se equivocaba, un episodio de la lucha general contra el modernismo. Tras la condena del modernismo teológico, tocaba el turno al modernismo social. El papa las tuvo claras, entendiendo en este grave ataque del modernismo una renuncia y hasta una denuncia del ideal de la Cristiandad. Así lo afirma claramente en su documento, en un texto que será de antología:

> Venerables hermanos, hace falta reconocerlo enérgicamente en estos tiempos de anarquía social e intelectual, en que cada individuo se convierte en doctor y legislador: no se edificará la ciudad de un modo distinto a como Dios la ha edificado; no se levantará la sociedad si la Iglesia no pone los cimientos y dirige los trabajos; no, la civilización no está por inventar ni la ciudad nueva por construir en las nubes. Ha existido, existe; es la civilización cristiana, es la ciudad católica. No se trata más que de instaurarla y restaurarla sin cesar sobre sus fundamentos naturales y divinos contra los ataques siempre nuevos de la utopía malsana, de la revolución y de la impiedad: *Omnia instaurare in Christo*.

Tal era el lema de su escudo pontificio: *Omnia instaurare in Christo*. Para elegirlo se dice que se inspiró en el del cardenal Louis Pie, cuyos escritos tanto admiraba. No otra cosa fue la Cristiandad, según la definiera Gustave Thibon: "Un tejido social en que la religión penetra hasta el menor rincón de la vida temporal, una civilización en que lo temporal es impregnado sin cesar por lo eterno". En la encíclica *Pascendi* ya Pío X había advertido que el nefasto proceso de la civilización moderna terminaría con el sometimiento de la Iglesia al Estado. Por eso insistía en el tema del reinado social de Jesucristo. Dicho ideal sería el centro y la inspiración de su obra reformadora.

Al fin de su carta apostólica propone medidas prácticas a los obispos:

> Por lo que a vosotros toca, venerables hermanos, continuad activamente la obra del Salvador de los hombres por medio de la imitación de su dulzura y de su energía […] Nos deseamos vivamente que toméis una parte activa en la organización de la sociedad. Y con este objeto, mientras vuestros sacerdotes se entregan con ardor al trabajo de la santificación de las almas, la defensa de la Iglesia, y las obras de caridad propiamente dichas, elegiréis algunos de ellos, activos y de espíritu equilibrado, investidos de los grados de doctor en filosofía y en teología, y poseyendo perfectamente la historia de la civilización antigua y moderna, y los consagraréis a los estudios menos elevados y más prácticos de la ciencia social, para ponerlos, a su tiempo, al frente de vuestras obras de acción católica. Sin embargo, que estos sacerdotes no se dejen seducir, en el dédalo de las opiniones contemporáneas, por el espejuelo de una democracia falsa; que no tomen de la retórica de los peores enemigos de la Iglesia y del pueblo un lenguaje enfático lleno de promesas tan sonoras como irrealizables. Que estén convencidos de que la cuestión social y la ciencia social no son de ayer; que en todos los tiempos, la Iglesia y el Estado, felizmente concertados, han creado con este fin organizaciones fecundas; que la Iglesia nunca ha traicionado la dicha del pueblo con alianzas comprometedoras, ni tiene que separarse del pasado; y que le basta volver a tomar, con el concurso de los verdaderos obreros de la restauración social, los organismos rotos por la Revolución, y adaptarlos, con el mismo espíritu cristiano que los ha inspirado, al nuevo mundo creado por la evolución material de la sociedad contemporánea. Porque los verdaderos amigos del pueblo no son ni revolucionarios, ni innovadores, sino tradicionalistas.

Luego hace un llamamiento a los cabecillas y a los miembros de *Le Sillon.*

> Dirigiéndonos, pues, a los jefes de *Le Sillon,* con la confianza de un padre que habla a sus hijos, Nos les pedimos por su bien, por el bien de la Iglesia y de Francia, que os cedan su puesto. Nos medimos ciertamente la extensión del sacrificio que de ellos solicitamos, pero sabemos que son suficientemente generosos para realizarlo […] En cuanto a los miembros de *Le Sillon* queremos que se distribuyan por diócesis para trabajar bajo la jurisdicción de sus obispos respectivos en la regeneración cristiana y católica del pueblo, al mismo tiempo que en el mejoramiento de su situación. Estos grupos diocesanos serán por el momento independientes los unos de los otros; y a fin de mostrar claramente que han roto con los errores del pasado, tomarán el nombre de *Sillon catholique,* y cada uno de sus miembros añadirá a su título de sillonista el mismo calificativo de católico.

Marc Sangnier se sometió, siguiendo el consejo de Fogazzaro.

V. Medidas concretas que se tomaron

Si el modernismo hubiera sido una herejía como las anteriores que conoció la historia, al estilo del arrianismo, o de la Reforma protestante, hubieran bastado las condenaciones romanas. Sus propulsores se habrían sometido o, si no, tomado las habituales distancias de la Iglesia para fundar su propio movimiento. Pero no obraron así los modernistas, que tenían la pretensión de reformar la Iglesia desde adentro, al modo de quinta columna. No pocos de ellos simularon, pues, agachar la cabeza, mas siguieron en la suya.

A dicha situación, casi inédita, se referiría Pío X, tres años después de haber hecho pública la *Pascendi*, en su Motu propio *Sacrorum antistitum*, donde se lee: "En efecto, ellos [los modernistas] no han dejado de reclutar nuevos adeptos, de agruparlos en una liga clandestina, y de inyectar junto con ellos en las venas de la sociedad cristiana el veneno de sus opiniones, publicando libros y diarios sin el nombre de los autores o con nombres falsos". Por lo general, eran sacerdotes que abusaban de su ministerio "para tender a los imprudentes un anzuelo cubierto de una sustancia envenenada", que afectaba en particular "a esa pequeña parte del campo divino del que había que esperar los frutos más abundantes", es decir, sin duda, a los jóvenes clérigos. En ellos ha de haber pensado especialmente el Santo Padre cuando prescribió el estudio de la filosofía de Santo Tomás en los seminarios y universidades, lugares que habían sido los invernaderos de las infiltraciones modernistas. Asimismo, para remediar el recrudecimiento del mal en los ambientes eclesiásticos, el papa recordó una vez más a los obispos las disposiciones indicadas en la encíclica *Pascendi*. A ellas agregaba algunas instrucciones nuevas tocantes a los seminarios. Para evitar la interferencia de doctrinas "paralelas" era preciso retirar de esas instituciones los diarios y revistas sospechados de modernismo. Por lo demás, los profesores habrían de someter de antemano a sus Ordinarios el texto de los cursos que dictaban, o las tesis que se proponían sostener. La enseñanza en los institutos eclesiásticos sería así rigurosamente controlada.

1. *Diversas reacciones frente a la Pascendi*

Pero ello no fue fácil. Las reacciones estallaron aquí y allá. Porque hasta entonces el modernismo había más bien disimulado su disidencia con el papa. Cuando apareció la encíclica condenatoria, muchos de sus corifeos la tomaron no como un retrato sino como una caricatura del movimiento. Sin embargo la publicación del documento fue para no pocos la señal clara que les permitió hacerse cargo de que se hallaban, al menos implícitamente, al margen de la Iglesia. Entonces se produjo la división de aguas. Algunos se retractaron, pero otros rompieron con la Iglesia, aunque con mayor o menor reserva, según los casos. Por lo demás, en todos los lugares donde se había propagado la herejía, sus sostenedores se esforzaron por crear en la opinión católica una corriente de protesta. Veamos lo que aconteció en algunos de los países más afectados.

Ante todo en *Francia*. A raíz de la claridad con que se expresó el Magisterio, la mayor parte de los filomodernistas, que sólo habían flirteado con el error por parecer de avanzada, no tuvieron dudas en someterse. A través de una carta anónima enviada a la prensa, un grupo de sacerdotes recomendaba la sumisión exterior y el silencio respetuoso. No era, por cierto, la adhesión que el papa esperaba. Pero ya era algo. El padre Loisy, en cambio, tomó el partido de la rebelión pública, según puede verse por un artículo suyo que apareció en enero de 1908, poco después de que fuera conocida la *Pascendi*. Allí el autor denunciaba de manera categórica lo que él entendía como alteraciones y contrasentidos de que los teólogos de la Santa Sede se habían valido para condenar a los modernistas en general y a él en particular. Fue entonces cuando publicó dos gruesos volúmenes sobre *Los evangelios sinópticos*, donde se mostró mucho más radical que en sus estudios anteriores. Con esta definida toma de posición, sólo consiguió perder los últimos apoyos que contaba aún en la Iglesia. Poco después fue excomulgado. Ese mismo año publicó otro volumen, *Quelques lettres sur les questions actuelles*, para dejar en claro que él ya había perdido la fe varios años atrás. En otro escrito sin firma, publicado en París, un grupo de sacerdotes señalaba que más allá de los derechos que se arrogaba el papa para acusarlos, ellos enarbolarían los derechos de la crítica. Estaban resueltos a salvar a la Iglesia, afirmaban, aun contra ella misma, por lo que a pesar de todo permanecerían en su seno para trabajar más que nunca en su necesaria regeneración.

En *Inglaterra* la reacción fue más fuerte y duradera que en los otros países. Allí el padre Tyrrell hizo frente a la encíclica, como lo muestran dos cartas que escribió a "Times". Además, en un artículo sobre lo que llamaba "la excomunión saludable", defendió la posición que él creía que debía mantener frente a las censuras, sin abandonar la Iglesia. En su entender la condena pontificia se había de olvidar como una más entre las numerosas equivocaciones que caracterizan su modo de actuar habitual. "No cabe duda que nuestra actitud presente ha de ser la de Cristo ante Herodes: fingir que se ignora la *existencia* de esas personas y no dejarse arrastrar a una respuesta o a una discusión". Privado de los sacramentos, no abandonó esta actitud de "piadosa insumisión". Su actividad pública siguió siendo considerable, enviando artículos a revistas y hasta escribiendo una apología del modernismo que envió al cardenal Mercier. Así perseveró hasta su muerte, en 1909.

En *Italia* el modernismo respondió altivamente. Algunos de sus miembros, como el joven sacerdote Salvatore Minocchi, abandonaron estrepitosamente la Iglesia; el padre Rómulo Murri, tras una sumisión momentánea, acabó por incurrir en excomunión. Otros permanecieron fieles al método de insurrección interior. En octubre de 1907, apareció una respuesta anónima a la encíclica, que se llamó altivamente: *Il programma dei modernisti. Risposta a l'enciclica di Pio X*. Allí afirman que en la presente situación se está frente a un dilema: o caminar con la evolución y transformarse, o someterse y perecer: *o sottomettersi e dimittersi!* Porque el papa "se ha encerrado en los recuerdos de la teocracia política e intelectual del medioevo". Que no nos asusten los castigos espirituales que caen sobre nosotros. "No solamente la excomunión ha sido despojada de la mayoría de los terrores de la edad media, terrores temporales y espirituales, sino que también, cuando razones de conciencia la han motivado, el sacrificio que ella impone la hace en cierta manera seductora para los corazones heroicos y honrosa a los ojos del pequeño número, cuyo juicio, en definitiva, es el único que nos preocupa; ella es un bautismo de fuego, un medio de santificación para el hombre piadoso. Más aún, las circunstancias en que se debate la Iglesia son tales que preferir sufrir la excomunión más que retractarse, se vuelve un deber estricto para un creciente número de católicos más inteligentes y más sinceros". El principal autor de *Il programma* fue el padre Ernesto Buonaiuti quien, contrariamente a otros modernistas de primera fila, prefirió permanecer en la Iglesia, a fin de llevar la reforma desde adentro. Poco después escribiría bajo pseudónimo, las violentas *Lettere di un prete modernista*. La obra *Il programma* no tardó en ser traducida al francés, al alemán y al inglés.

Es cierto que, por otra parte, la encíclica fue acogida con entusiasmo en los círculos tradicionales de la Iglesia, que desde hacía tiempo suspiraban por un pronunciamiento magisterial de ese nivel, y lo saludaron con indisimulada alegría, especialmente porque al fin se había acabado con las ambigüedades. Sobre todo el papa encontró gran apoyo en la Compañía de Jesús y en su revista "Civiltà Cattolica", donde se fueron publicando excelentes comentarios de los documentos y de los sucesos a medida que se iban haciendo públicos.

2. El juramento antimodernista

Las disposiciones que se habían tomado no fueron sino el preludio de una decisión trascendental: la imposición de un juramento especial contra el modernismo, que debía pronunciar el clero. La crisis dentro de sus filas venía de lejos, afirma Ploncard d'Assac. Ya en 1896, el padre Bourrier, tras escribir a los periódicos que desde hacía diez años ya no tenía fe, propiciaba la necesidad de un cisma. Otro sacerdote, el padre Michaud, había fundado una "Iglesia" a su manera; "su religión era una religión democrática; ni dogmas de ninguna clase, ni infalibilidad, ni Inmaculada Concepción, ni Sagrado Corazón". El periódico "Le Chrétien français", fundado por un sacerdote apóstata, "se ufanaba de haber causado la apostasía de una veintena de sacerdotes y de haber seducido a muchos más que continuaban ocupando sus puestos". El padre Meissas, quien escribió bajo pseudónimos diversas obras contra la Iglesia y el Papado, conservó hasta la muerte las apariencias de un buen sacerdote para poder propagar sus ideas con mayor eficacia. Bien hizo, pues, Pío X cuando resolvió imponer al clero el juramento antimodernista.

En orden a ello, el 19 de junio de 1910, el Santo Padre dispuso "que se formulara un elenco de las principales proposiciones erróneas, extraídas de la encíclica *Pascendi* y del decreto *Lamentabili*, de modo que los profesores, además de la profesión de fe, jurasen no enseñarlas". La redacción de dicho elenco fue confiada al padre Louis Billot, quien, al mes siguiente, entregó un "esquema" del mismo, así como varias notas explicativas anexas, donde sostenía la conveniencia y la oportunidad de pronunciar dicho juramento, pues muchos escritores o profesores de teología, allí se dice, si bien no enseñaban directamente los errores modernistas condenados en la encíclica, no obstante, consciente o inconscientemente, inducían con sus afirmaciones o ambigüedades a la ruina y tergiversación de la fe.

El esquema reafirma primero las principales doctrinas sostenidas por el Concilio Vaticano, directamente opuestas a los errores del momento. Luego se exponen las proposiciones centrales que se contienen en la encíclica *Pascendi* y en el decreto *Lamentabili*. El motivo y la necesidad de incluir esos diversos asertos, sostenía el padre Billot en su nota explicativa previa, se deben a que las "nuevas doctrinas" inducen a "la negación de todo el orden sobrenatural y al ateísmo", y también al hecho de que "el sistema inmanentista se conecta lógicamente con el rechazo de todos los fundamentos de la fe cristiana". No deja de ser sintomático que el padre Luis Billot haya sido hecho cardenal por dicho papa en 1911.

Citemos algunos párrafos del documento.

El texto así comienza: "Abrazo y recibo firmemente todas y cada una de las verdades que la Iglesia por su magisterio, que no puede errar, ha definido, afirmado y declarado, principalmente los textos de doctrina que van directamente dirigidos contra los errores de estos tiempos". Se afirma, ante todo, que la razón puede llegar al conocimiento de Dios: "En primer lugar, profeso que Dios, principio y fin de todas las cosas, puede ser conocido y por tanto también demostrado de una manera cierta por la luz de la razón, por medio de las cosas que han sido hechas, es decir, por las obras visibles de la creación, como la causa por su efecto".

Luego el texto alude a las pruebas de la Revelación: "En segundo lugar, admito y reconozco los argumentos externos de la revelación, es decir, los hechos divinos, entre los cuales en primer lugar los milagros y las profecías, como signos muy ciertos del origen divino de la religión cristiana. Y estos mismos argumentos los tengo por perfectamente proporcionados a la inteligencia de todos los tiempos, incluido aquel en que vivimos".

A continuación el documento se refiere al origen divino de la Iglesia y a su constitución jerárquica: "En tercer lugar, creo también con fe firme, que la Iglesia, guardiana y maestra de la palabra revelada, ha sido instituida de manera inmediata y directa por Cristo mismo, verdadero e histórico, durante su vida entre nosotros, y creo que esta Iglesia está edificada sobre Pedro, jefe de la jerarquía apostólica, y sobre sus sucesores hasta el fin de los tiempos".

Tras ello se reprueba en el juramento la teoría de la evolución de los dogmas en el sentido modernista. "En cuarto lugar, recibo sinceramente la doctrina de la fe que los Padres ortodoxos nos han transmitido de los Apóstoles, siempre con el mismo sentido y la misma interpretación. Por esto rechazo absolutamente la proposición herética de la evolución de los dogmas, según la cual estos dogmas van cambiando de sentido para recibir uno diferente del que les ha dado la Iglesia en un principio. Igualmente, repruebo todo error que pretende sustituir el depósito divino confiado a la esposa de Cristo y a su vigilante custodia, por una hipótesis filosófica o una creación de la conciencia humana, la cual, formada poco a poco por el esfuerzo de los hombres, sería susceptible en el futuro de un progreso indefinido".

Después se afirma el carácter intelectual y no sentimental de la fe: "Consecuentemente mantengo con toda certeza y profeso sinceramente que la fe no es un sentimiento religioso ciego que surge de las profundidades tenebrosas del «subconsciente», bajo la presión del corazón y el impulso de la voluntad, sino que es un verdadero asentimiento de la inteligencia a la verdad adquirida extrínsecamente por la enseñanza recibida *ex cathedra*, asentimiento por el cual creemos verdadero, a causa de la autoridad de Dios, cuya veracidad es absoluta, todo lo que ha sido dicho, atestiguado y revelado por el Dios personal, nuestro creador y nuestro maestro".

Tras otras consideraciones, el juramento antimodernista se cierra con las siguientes palabras: "En fin, de manera general, profeso estar completamente indemne de este error de los modernistas, según el cual no hay nada de divino en la tradición sagrada, o, lo que es mucho peor, que admiten lo que hay de divino en un sentido panteísta, de tal manera que no queda más que el hecho puro y simple de la historia, a saber: el hecho de que los hombres, por su trabajo, su habilidad, su talento, continúan a través de las edades posteriores, la escuela inaugurada por Cristo y sus Apóstoles. Para concluir, sostengo con la mayor firmeza y sostendré hasta mi último suspiro, la fe de los Padres sobre el criterio cierto de la verdad que está, ha estado y estará siempre en el episcopado transmitido por la sucesión de los Apóstoles; no de tal manera que esto sea sostenido para que pueda parecer mejor adaptado al grado de cultura propia y particular de cada época, sino de tal manera que la verdad absoluta e inmutable, predicada desde los orígenes por los Apóstoles, no sea jamás creída ni sostenida en otro sentido. Me comprometo a observar todo esto fiel, sincera e íntegramente, y custodiarlo invariablemente, sin apartarme jamás de ello, sea enseñando, sea de cualquier manera, por mis palabras o mis escritos".

Este juramento debía ser primero prestado y firmado por todos los sacerdotes que tenían cargo de almas. Luego se extendió a los que se aprestaban a recibir las sagradas órdenes, a los profesores de los seminarios al comienzo de su enseñanza, a todos los párrocos, dignatarios eclesiásticos y superiores religiosos en el momento de su entrada en funciones.

¿Cuáles fueron las reacciones frente a esta tan insólita como enérgica medida? Juntamente a la aceptación gozosa de los sacerdotes fieles, una oposición generalizada, tanto de parte del laicismo imperante en la sociedad, que veía en esta nueva iniciativa de los poderes eclesiásticos un atentado a la libertad de sus súbditos, como de los modernistas que protestaban porque se les impedía llevar adelante sus designios "progresistas", por lo que convocaban a un movimiento de resistencia contra el juramento prescrito. En Francia algunos sacerdotes enviaron a la prensa una carta anónima, donde se recomendaba la sumisión interior y el silencio respetuoso. En Alemania, la conmoción fue grande. El periódico "Neue Jahrhundert" abrió una suscripción de marcos en favor de los damnificados. Dos sacerdotes publicaron folletos mordaces. Los universitarios protestantes hicieron pública su indignación por el espíritu de servidumbre con que la Iglesia dirigía a su cuerpo profesoral. Pero, en su conjunto, el clero católico se sometió. Sólo unos 25 sacerdotes, a lo más, se rehusaron a prestar el juramento, de los que luego algunos se pasaron al protestantismo y otros a las filas de los llamados "viejos católicos".

3. El *"Sodalitium Pianum"*

Para apoyar la política religiosa de Pío X se constituyó una especie de "red secreta internacional antimodernista". La imaginó y dirigió un sacerdote agregado a la Secretaría de Estado, monseñor Humberto Benigni. Dicha agrupación, llamada "Sodalicio de San Pío V", o simplemente *Sodalitium,* se designaba frecuentemente con las iniciales S.P. o con el nombre más o menos críptico de "La Sapinière", palabra que significa pinar o abetal.

¿Quién era monseñor Benigni? Un sacerdote fiel, que compartía plenamente la inquietud del papa, y veía con dolor cómo se iba formando una Iglesia dentro de la Iglesia. Había nacido en Perugia en 1862. Tras ordenarse de sacerdote, fue nombrado secretario del obispo de su lugar natal. Comenzó allí sus lides periodísticas, dirigiendo una pequeña publicación. Luego fue llamado a Génova para ponerse al frente del periódico católico "L' Eco d'Italia". León XIII, a quien mucho apreciaba por su encíclica *Rerum novarum,* lo llamó a la Biblioteca Vaticana, donde desde entonces se consagró a los estudios históricos. Pronto fue nombrado profesor de Historia Eclesiástica en el Apolinario, luego en el Colegio Urbano de Propaganda Fide, y finalmente en la Academia de Nobles Eclesiásticos.

Bajo el pontificado de Pío X entró en la Secretaría de Estado como Subsecretario de Asuntos Eclesiásticos. En adelante viviría en el Vaticano, ocupando un puesto clave, sobre todo en la presente coyuntura: justamente los asuntos eclesiásticos. Fue precisamente en aquellos tiempos cuando Pío X lanzó su ofensiva contra los modernistas. Monseñor Benigni, siempre interesado por el apostolado periodístico, sobre todo en razón del influjo que mediante él podía ejercer, fundó en 1907, el mismo año en que aparecía la *Pascendi,* una agencia de prensa, la "Corrispondenza romana", cuya misión era observar en todo el mundo los movimientos de ideas que podían interesar a la Iglesia, en especial las infiltraciones modernistas advertibles en los innumerables órganos de prensa católica que aparecían en el mundo. Poco después "Corrispondenza romana" se comenzó a publicar también en francés, con un pequeño grupo de colaboradores locales. Fue entonces cuando tomó el nombre de *Sodalitium Pianum.* La ira del laicismo enquistado en la política se enardeció. Desde París, Aristide Briand presionó en la Secretaría de Estado para que monseñor Benigni fuese apartado de su gestión periodística. La iniciativa no prosperó y él siguió en la misma, manteniendo su cargo de Subsecretario de Estado para Asuntos Religiosos hasta 1911, en que sería reemplazado por un joven prelado: monseñor Eugenio Pacelli, el futuro Pío XII.

Pocos eran los miembros del *Sodalitium* pero muy efectivos. Se ha dicho que Benigni, con su "central de inteligencia" obraba a espaldas del papa. Pero ello, gracias a recientes investigaciones, no se puede seguir afirmando. Aunque la obra que él fundó nunca recibió una aprobación canónica formal, fue conocida y animada por la Santa Sede, en particular por la Sagrada Congregación Consistorial, de la que era prefecto el cardenal De Lai, y por el mismo Pío X, quien envió tres autógrafos papales de bendición, aprobando e impulsando las actividades de su fundador, que por lo demás le informaba diariamente al Santo Padre de sus movimientos, e incluso le aseguró una subvención anual. Fundado en 1909, el "Sodalitium" sería disuelto después de la muerte de Pío X, para ser reactivado en 1915, hasta desaparecer definitivamente en 1921. Monseñor Benigni, desde ese momento hasta su muerte, acontecida en 1934, no ejerció ningún cargo oficial fuera de la enseñanza.

La figura de Benigni sigue siendo aún hoy controvertida. Señala De Mattei que la historiografía contemporánea ha retomado las acusaciones de "delación" y de "espionaje", antes lanzadas por los modernistas contra el prelado romano, como si su obra hubiese sido, simple y llanamente, una especie de policía secreta eclesiástica. Semejante crítica parece olvidar la situación dramática en que estaba sumergida la Iglesia. Sea lo que fuere, el hecho es que, en torno a Benigni, se creó una verdadera "leyenda negra". Ploncard d'Assac nos ha dejado una detallada explicación de lo que era realmente el Sodalitium. Dicha organización, escribe, comprendía miembros aislados, corresponsales de prensa, círculos de estudio y una central en Roma, la Dieta. En cuanto al número de sus miembros, nos dice Benigni que jamás pasó del centenar. Cada uno de ellos estaba en contacto con numerosas personas, de quienes diariamente recibían un montón de informaciones de todo género: noticias, resúmenes de conferencias, artículos de periódicos y de revistas, libros, notas bibliográficas... Tal era la misión de sus integrantes: recoger testimonios sobre la infiltración modernista, realizando una infiltración contraria tanto en la prensa como en las editoriales, al tiempo que dando ejemplo de una vida definidamente católica, sin compromisos con el espíritu de la modernidad. En cuanto a la Dieta, su misión consistía en elevar la información a los diversos órganos de la Santa Sede, en base a los datos recibidos. Tal información había de ser, obviamente, confidencial, dado que su campo de indagación era la organización secreta de los modernistas.

Se conoce el texto de un programa del S.P., tal como fue redactado y luego aprobado por el papa Pío X. Allí leemos:

> Somos católicos romanos integrales. Como lo indica este nombre, el católico romano integral acepta íntegramente la doctrina, la disciplina, las directrices de la Santa Sede y todas sus legítimas consecuencias para el individuo y la sociedad [...] La naturaleza de la Iglesia enseña, y su historia lo confirma, que la Santa Sede es el centro vital del cristianismo; por eso, desde un cierto punto de vista y especialmente en algunas circunstancias, la actitud momentánea de la Santa Sede es también el resultado de la situación religiosa y social. También comprendemos perfectamente que Roma pueda a veces callarse y esperar, en vista de la situación que se presente en aquel momento. En tales casos nos guardaremos bien de tomar pretexto de ellos para permanecer inactivos ante el peligro y la gravedad de la situación [...] Sabemos que en las contingencias momentáneas y locales, existe siempre, por lo menos en el fondo, la lucha secular y cosmopolita entre dos grandes fuerzas orgánicas; de un lado la única Iglesia de Cristo, Católica y Romana; del otro, sus enemigos internos y externos. Los externos (las sectas judeo-masónicas y sus aliados directos) están en las manos del Poder Central de la Secta; los internos (modernistas, demoliberales, etc.) le sirven de instrumentos conscientes o inconscientes para la infiltración y descomposición entre los católicos. Combatimos la secta interna y la externa, siempre y en todas partes, bajo todas sus formas y con todos los medios honrados y oportunos [...] Queremos hacer esto sin rencor hacia nuestros hermanos desviados y, por otra parte, sin debilidad y sin ningún equívoco, como un buen soldado trata en el campo de batalla a los que combaten bajo el estandarte enemigo, sus auxiliares y sus cómplices".

Dicho de otra manera, prosigue Ploncard d'Assac, el S.P. se presentaba como una milicia comprometida en la Batalla de las Ideas, en orden a poner, en cuanto es posible, la vida social en sus diversas instancias bajo la influencia benéfica y legítima del Papado y, más en general, de la Iglesia Católica. Se declaraba contra la lucha de clases, contra el democratismo, "a favor de la organización cooperativa de la sociedad cristiana, según los principios y las tradiciones de la justicia y de la caridad social enseñadas y vividas por la Iglesia y el mundo católico al paso de los siglos, y que están perfectamente adaptadas a toda época, a toda sociedad verdaderamente civilizada". Propiciaba un "patriotismo sano y moral, patriotismo cristiano". Y por ello rechazaba el antimilitarismo y el pacifismo utópico, "frutos –decía– de la secta, con miras a debilitar y a adormecer a la sociedad en el sueño judeo-masónico". Se declaraba a favor de "la enseñanza eclesiástica guiada por la gloriosa tradición de la escolástica y de los santos Doctores de la Iglesia y de los mejores teólogos de la Contrarreforma, con todos los medios del método y de la documentación científica".

De hecho el *Sodalitium Pianum,* más allá de posibles falencias, sirvió objetivamente a la Santa Sede. Como lo asegura el padre Jules Saubat, secretario de dicha organización, "nunca en la lucha fueron usados medios ilícitos o deshonestos, pero todas las artes humanas fueron puestas al servicio de la verdad". Los enemigos de aquella organización la muestran como suscitando una corriente de ideas personales en la Iglesia. Curioso este fenómeno, observa Ploncard d'Assac: "Los defensores de las posiciones tradicionales de la Iglesia son los que pasan por facciosos. Los modernistas se quejan de los ataques de que son objeto y llegan a invertir la situación, a ponerse de víctimas, cuando son ellos los que han lanzado ideas «nuevas», condenables y condenadas, porque encubren viejas herejías. Aquéllos, dicen, «faltan a la caridad». Con este slogan intentan paralizar la reacción de los católicos fieles".

Reiterémoslo, porque hoy todavía intereses espúreos tratan de cuestionarlo. El papa apoyó la obra, y no sólo conoció su actividad sino que la estimuló. A diario Benigni le hacía llegar informes y el papa mismo le encomendaba regularmente el desarrollo de delicadas averiguaciones. No sabemos de reproche alguno que le haya dirigido el papa. Más aún, en julio de 1912, dos años antes de morir, así le escribía San Pío X a los miembros de la asociación: "Nos exhortamos en el Señor a nuestros queridos hijos, los compañeros del Sodalitium Pianum, a quienes el catolicismo tanto debe, a continuar el buen combate por la Iglesia de Dios y la Santa Sede contra los enemigos interiores y exteriores, y pedimos a Dios para ellos y su Instituto, todo lo que sea favorable y saludable.

Les concedemos muy afectuosamente la Bendición Apostólica".

Cuando, años después, se llevó adelante el proceso de beatificación de Pío X, los ataques contra aquel papa arreciaron. Entre otros objetores, el cardenal Gasparri llegó a afirmar: "El papa Pío X aprobaba, bendecía y animaba una asociación oculta de espionaje, fuera y por encima de la Jerarquía y de los Eminentísimos Cardenales; en suma, bendecía y animaba a una especie de Masonería dentro de la Iglesia". Tales impugnaciones fueron rebatidas satisfactoriamente y Pío X resultó beatificado y luego proclamado santo por Pío XII.

Murió Pío X en 1914. Su sucesor, Benedicto XV, asumió el pontificado en ese mismo año, y enseguida hizo pública su primera encíclica, *Ad beatissimi*. Allí hizo suya la condenación del modernismo así como la exigencia del juramento antimodernista. Refiriéndose a los sucesos que hemos comentado escribe:

> Así se engendraron los monstruosos errores del modernismo, que Nuestro Antecesor llamó justamente *síntesis de todas las herejías*, y condenó solemnemente. Nos, Venerables Hermanos, renovamos aquí esa condenación en toda su extensión, y dado que tan pestífero contagio no ha sido aún enteramente atajado, sino que todavía se manifiesta acá y allá, aunque solapadamente, Nos exhortamos a que con sumo cuidado se guarde cada uno del peligro de contraerlo [...]. Y no solamente deseamos que los católicos se guarden de los errores de los modernistas,

> sino también de sus tendencias, o del espíritu moder
> nista, como suele decirse; el que queda inficionado
> de ese espíritu rechaza con desdén todo lo que sabe a
> antigüedad, y busca, con avidez, la novedad en todas
> las cosas: en el modo de hablar de las cosas divinas,
> en la celebración del culto sagrado, en las instituciones
> católicas y hasta en el ejercicio privado de la piedad.

Tras estas categóricas afirmaciones que muestran la intención que lo animaba de continuar el
Magisterio de su antecesor, señaló luego su deseo
de evitar nuevos enfrentamientos, en orden a lo
cual tomó diversas medidas, entre otras, pedirle a
monseñor Benigni que, "habiendo cambiado las
circunstancias actuales", disolviese el *Sodalitium
Pianum*. Así se hizo. Benigni moriría en 1934, a los
72 años de edad.

Volviendo a San Pío X, digamos que su lucha
contra el modernismo fue, en verdad, implacable;
ella caracterizó a su pontificado y constituyó una
de las facetas de su santidad heroica. Así lo señaló
Pío XII en el discurso que pronunció con motivo
de su canonización: "La lucidez y la firmeza con
que Pío X condujo la victoriosa lucha contra los
errores del modernismo atestiguan en cuán heroico grado la virtud de la fe ardía en su corazón de
santo". Señala el padre Poulat que en esta lucha
Giuseppe Sarto se encontró a menudo solo e incomprendido, aun en el interior de la Iglesia. *De
gentibus non est vir mecum* (Is 63, 3), le confió en
cierta ocasión a monseñor Archi, que había sido su
metropolita en Venecia. La parte más pesada de su

cruz fue la dificultad en afrontar la lucha con tan pocos colaboradores decididos en el episcopado italiano y en la misma Curia Romana. Con todo, un puñado de hombres virtuosos se apretaron en su torno, entre los cuales hay que nombrar al cardenal Merry del Val, al padre Billot, y a don Orione. El antimodernismo de este último ha sido objeto de un interesante estudio.

¿DESAPARECIÓ EL MODERNISMO?

Según algunos autores, tras las medidas tomadas por San Pío X, el modernismo pasó a ser un capítulo de los libros de historia. El encanto que la herejía había suscitado en su primera época ya no se experimentaba, mientras que sus peligros y desviaciones eran ampliamente conocidos. Por lo demás, la guerra del 14 cambió un tanto el foco de las preocupaciones. De ahí que no pocos creyeron poder sostener, sin temor a equivocarse, que el modernismo era un fenómeno superado, no subsistiendo de él sino el recuerdo de una crisis doctrinal ya conjurada. Sólo la existencia de los documentos eclesiásticos a que dio lugar recordaban aquella crisis.

Pero muchos otros pensaron de diversa manera, Pío X incluido, quien en modo alguno consideró que el modernismo había quedado archivado.

Todo lo contrario. En la alocución que el 27 de mayo de 1914, pocos meses antes de su muerte, dirigió a los nuevos cardenales, observó que continuaban propagándose "las ideas de conciliación de la fe con el espíritu moderno"; a este propósito deploró "el naufragio" de la nave de la Iglesia, que afectó a numerosos "navegantes", dijo, así como a muchos "pilotos", e incluso a muchos "capitanes". ¿Es preciso traducir estas metáforas?, se pregunta Jean Madiran.

Bien ha señalado De Mattei que, frente a la condena de la encíclica *Pascendi*, así como de la carta apostólica *Notre charge apostolique*, y de otros documentos atinentes a nuestro tema, la reacción de los modernistas fue análoga a la que tuvieron los jansenistas al día siguiente de la bula *Unigenitus*, de 1713, donde se condenaban las proposiciones de Jansenio. En aquel momento, aquellos herejes negaron reconocerse en las proposiciones censuradas. Algo semejante aconteció en nuestro caso, afirmándose que el modernismo, tal cual era reprobado en la encíclica, no los afectaba. Un testigo de los hechos, Albert Houtin, preveía que a pesar de las censuras pontificias, los modernistas no saldrían de la Iglesia, ni siquiera en el caso de que hubiesen perdido la fe, sino que permanecerían adentro lo más posible para seguir desde allí propagando sus ideas. Tal debía ser la actitud del verdadero modernista, según lo señalamos en su momento, y ellos mismos lo reconocieron. "Hasta hoy –explicaba el padre Buonaiuti– se ha querido reformar a Roma sin Roma o contra Roma. Hay que reformar a Roma con Roma, hacer que esa reforma pase a través de las manos de aquellos que deben ser reformados". El modernismo se seguía proponiendo, en esta nueva perspectiva, transformar el catolicismo desde dentro, desde "la venas de la Iglesia", como había dicho Pío X, auque tuviesen que dejar intacto, en los límites de lo posible, el envoltorio que se les imponía. "El culto exterior –continúa Buonaiuti– durará siempre como la jerarquía, pero la Iglesia, en cuanto maestra de los sacramentos y de sus órdenes, modificará la jerarquía y el culto según los tiempos; ello la volverá [a la jerarquía] más sencilla, más liberal, y a éste [el culto] más espiritual, y por este camino se convertirá en un protestantismo, pero un protestantismo ortodoxo, gradual, y no violento, agresivo, revolucionario, insubordinado, un protestantismo que no destruirá la continuidad apostólica del ministerio eclesiástico ni la esencia misma del culto".

Para Maurice Bondel, la *Pascendi* fue un error, pero transitorio en su duración, que había de sobrellevarse con paciencia. La verdad acabaría por triunfar. A poco de publicarse la encíclica, así le escribía a von Hügel el 5 de noviembre de 1907: "Me haría falta todo un volumen para decir un poco de lo que tengo lleno el corazón. Es un motivo más que aumenta mi pena no poder hablarle con el corazón abierto. Pero hay horas en que no queda otra opción que callar y rezar, como el Divino Maestro, que no discutió. No fue por tener razón como salvó al mundo, sino sufriendo dócilmente en el desprecio y la humildad. Tengo para mí que no pondremos remedio al terrible mal, de que vemos víctimas a tantas almas, mediante una resistencia intelectual y más demostraciones científicas, sino por los caminos paradójicos que fueron también los del Salvador. Podemos a fuerza de paciencia curar tantas heridas y elevarnos por encima de los pareceres revueltos, por encima de la ciencia y de la justicia desconocidas, a ese orden de la caridad dulce, humilde, heroica, que verdaderamente incomparable a todo lo demás, es el todo del espíritu cristiano".

El padre Tyrrell, por su parte, se consolaba de los efectos negativos de la encíclica pensando que el futuro estaría con ellos. Así le escribía, también a von Hügel, el 18 de marzo de 1907: El ideal modernista no está destinado a una inmediata popularidad porque "la verdad es una cosa demasiado sutil y escurridiza para prevalecer sobre la muchedumbre y nosotros debemos afrontar este hecho con paciencia. No creo que ahora sea posible hacer otra cosa que mantenernos apartados, observando la ruta de la nave conducida directamente a los escollos".

En la *Historia de Europa en el siglo XIX,* su autor, Benedetto Croce, abordando el intento de penetración de las ideas liberales en la Iglesia, nos ofrece una observación muy interesante: "Este esfuerzo de acercamiento y de conciliación, diverso y a veces de distinto espíritu según los países, y atemperado o mezclado de forma diferente, tomó el nombre de catolicismo liberal. En esta denominación está claro que la sustancia estaba del lado del adjetivo, y se llevará la victoria no el catolicismo sino el liberalismo al que este catolicismo se decidía a acoger y en cuyo viejo mundo introducía su levadura". Pero tuvo bastante honradez intelectual para reconocer que la Iglesia no se había equivocado al defenderse y así rendía homenaje a Pío X: "En los últimos años del siglo XIX –escribe– surgió impetuosamente entre los católicos más cultivados, bajo la influencia de la filosofía y de la historiografía laicas, el movimiento llamado «modernismo» […], pero, en ese momento la Iglesia, a cuya cabeza se encontraba Pío X, se defendió firme y valientemente en sus viejas trincheras bien fortificadas y, finalmente, después de haber condenado el modernismo por la encíclica *Pascendi,* lo extirpó y lo arrojó al fuego. Sin embargo esta defensa y esta victoria le costaron la pérdida de un buen número de las inteligencias más ricas en doctrina y las más elegantes que la Iglesia poseía. Pero esta pérdida era mucho menos grave que la pérdida de su propia razón de ser que se habría producido ineluctablemente si hubiese capitulado o si hubiese llegado a un acuerdo".

Un día de 1928, el diputado comunista Florimond Bonte, dirigió estas reveladoras palabras a los democristianos, dando indirectamente razón a los argumentos de *Notre charge apostolique:* "En cuanto a ustedes, no los combatiremos. Nos son demasiado útiles. Si quieren saber el buen papel que desempeñan, mírenme, salgo de ustedes. Desde entonces he llegado a la conclusión lógica de los principios que ustedes me han enseñado. Gracias a ustedes, el comunismo penetrará ahí donde no dejarían entrar a sus hombres: en sus escuelas, sus patronatos, sus círculos de estudio y sus sindicatos. Así que, esfuércense mucho. Todo cuanto creen hacer por su democracia, lo harán en realidad por la Revolución comunista".

Los modernistas, por otra parte, consideraron las resoluciones de la Santa Sede como opiniones provisionales, a las que mañana una propaganda sostenida llegaría a modificar. Sólo era cuestión de tiempo. Roma acabaría por alinearse en la vanguardia progresista. Es cierto que los papas sucesivos, a partir del siglo XIX, Pío IX, Pío X y Pío XII, reafirmarían la incompatibilidad de la Iglesia y de la Revolución (liberal y comunista), pero los modernistas seguirían aguardando impasibles que el viento cambiara de dirección. Como bien ha observado Ploncard d'Assac, para ellos una condenación de Roma era, como mucho, una derrota electoral. Esperarían el momento siguiente. Un autor de esos años, A. Cavallanti, propugnador de la ortodoxia, decía: "Como el arrianismo, el pelagianismo, el jansenismo, al desaparecer tras las condenaciones por parte de la Iglesia, dejaron tras de sí toda una estela de errores más sutiles y menos llamativos a primera vista, que luego fueron conocidos por los nombres de semi-arrianismo, semi-pelagianismo y semi-jansenismo, así también hoy el modernismo desenmascarado y herido de muerte, al desaparecer deja tras de sí otros errores que se propagan en masa como gérmenes y son, o amenazan ser, la ruina de muchos buenos católicos [...] Lo repito: hay un semi-modernismo, que si bien no es tan fiero como su padre, el modernismo como síntesis de todas la herejías, es, en cambio, más taimado y capcioso".

Obviamente que los enemigos de la Iglesia aprovecharían la ocasión. En épocas más contemporáneas al modernismo declarado, tanto los judíos como los protestantes pensaban haber encontrado un momento favorable para sus designios. Basta con ver lo que escribía "L'Univers israélite", donde se pedía a la Alianza Israelita Universal ocuparse de los seminarios, "especialmente en Francia, pues Francia, gracias a su espíritu generalizador y expansivo, puede estar llamada un día a hacer por la síntesis religiosa lo que ha hecho para la reconstitución civil y política del mundo". También los protestantes se habían interesado por el movimiento modernista. Paul Sabatier, profesor de la Facultad de Teología protestante de París, había escrito, ya en 1898, refiriéndose al americanismo pero también al modernismo: "El elogio de las virtudes activas en oposición a las virtudes pasivas de la antigua piedad, las reclamaciones a favor de la iniciativa individual, la acción inmanente del Espíritu Santo en el alma cristiana, no son sino influencias persistentes del protestantismo".

En 1923 Pío XI reunió un consistorio secreto de cardenales, para solicitarles su parecer sobre la oportunidad de convocar un concilio general, en continuidad con el Concilio Vaticano, que había quedado trunco por la irrupción en Roma de las tropas de Garibaldi. El cardenal Louis Billot fue el portavoz de los demás: "La razón más grave y que merecería militar absolutamente en favor de una respuesta negativa, es que la reanudación del Concilio es deseada por los peores enemigos de la Iglesia, es decir, por los modernistas, que ya se preparan –como nos lo confirman los indicios más certeros– a sacar provecho de esa Asamblea plenaria de la Iglesia para hacer la revolución, la nueva Revolución francesa, objeto de sus sueños y esperanzas. Sería de temer que se introdujeran procedimientos de discusión y propaganda más conformes con los usos democráticos que con las tradiciones de la Iglesia".

Pío XII, en la encíclica *Humani generis* de 1950 condenó la llamada *Nouvelle Théologie*, y cuando canonizó al papa Sarto recordó que a la catástrofe del modernismo, el nuevo santo había contrapuesto "la única posible salvación real: la verdad católica".

Tras la terminación del Concilio Vaticano II, Pablo VI, en un discurso que pronunció en 1967, llamó la atención sobre la peligrosidad de "esas opiniones exegéticas o teológicas nuevas, a menudo sustentadas por audaces pero ciegas filosofías cristianas, que se insinúan aquí o allá en el campo de la doctrina católica, poniendo en duda o deformando el sentido objetivo de verdades enseñadas por la autoridad de la Iglesia, y, con el pretexto de adaptar el pensamiento religioso a la mentalidad del mundo moderno, prescinde de la guía del magisterio eclesiástico, se da a la especulación teológica una dirección radicalmente historicista, se osa despojar el testimonio de la Sagrada Escritura de su carácter histórico y sagrado, y se intenta introducir en el pueblo de Dios una llamada mentalidad postconciliar, que del Concilio olvida la firme coherencia de sus amplios y magníficos desarrollos doctrinales y legislativos con el tesoro de pensamiento y de praxis de la Iglesia, para subvertir el espíritu de fidelidad tradicional y para difundir la ilusión de dar al cristianismo una nueva interpretación arbitraria y estéril".

Cinco años después, el mismo Pablo VI, en una de sus audiencias de los miércoles recordó la supervivencia del modernismo que "bajo otros nombres es aún de actualidad", y agregó que dicha tendencia sostenía una serie de errores que podrían "arruinar totalmente nuestra concepción de la vida y de la historia". En esos años, Marcel de Corte veía reactualizarse en el progresismo católico la novedad y los cambios disolventes que la perspicacia sobrenatural de San Pío X había entrevisto en el modernismo. Jacques Maritain, por su parte, en su libro *Le Paysan de la Garonne*, publicado en 1966, afirmó que el modernismo no era sino "un modesto resfrío" en comparación con la "fiebre neomodernista" entonces difundida en la *intelligentsia* católica.

Más recientemente, Juan Pablo II, en una homilía que pronunció en 1985 afirmó que San Pío X "trabajó con gran sinceridad para poner en luz las llagas encubiertas del modernismo, con gran coraje, movido en su empeño sólo por el deseo de verdad, para que la revelación no se viese desfigurada de su contenido esencial".

En su libro *La crisis modernista*, aparecido en 1979, Claude Tresmontant señala: "Si consideramos la encíclica *Pascendi* setenta años más tarde, nos sorprende otro hecho. Lo que la encíclica denuncia a principios de siglo, es decir, el irracionalismo, el antiintelectualismo, la filosofía del sentimiento y de la «experiencia interior» concebida como exclusiva y única suficiente, la llamada a la «vida», al «corazón», a la «acción», el deslizamiento del pensamiento racional hacia el sentimiento y ello hasta la náusea, todo esto ha subsistido hasta la actualidad y se encuentra también hoy día, sólo que empeorado y multiplicado por diez, o por cien, y desprovisto del genio metafísico de los gigantes de principios de siglo, como Bergson y Blondel; desprovisto también de la profunda elaboración intelectual del padre Laberthonnière; sin figuras tan señeras como el padre Pouget, Edouard Le Roy, el barón F. von Hügel y tantas otras".

El tema es, pues, de absoluta actualidad. En la "premessa" que escribió monseñor Luigi Negri, obispo de San Marino-Montefieltro para la traducción de la encíclica *Pascendi* que publicó Roberto De Mattei, leemos: "He recorrido con enorme interés las proposiciones del decreto *Lamentabili* que publicas como agregado al texto y debo confesarte que he quedado casi espantado; las proposiciones fundamentales, todas claramente en contraste con la doctrina católica, han constituido en estos últimos veinte años el contenido incluso explícito de tantas publicaciones teológicas y exegéticas, y seguramente que han influido la enseñanza en facultades teológicas y en seminarios. Quizás el horizonte de nuestra cristiandad «culta» está aún fuertemente comprometida en sentido modernístico". Por eso, le dice a De Mattei, la nueva publicación de la *Pascendi* y del decreto *Lamentabili* será útil "para la superación crística de aquel grave complejo de inferioridad frente al mundo que ha caracterizado tanto el pensamiento católico en los últimos decenios".

Bibliografía

Émile Poulat, *Histoire, dogme et critique dans la crise moderniste*, Tournai, Castermann 1962.

Claude Tresmontant, *La crisis modernista*, Herder, Barcelona 1981.

Varios, *Le modernisme*, Beauchesne, Paris 1980.

Dominique Bourmaud, *Cien años de modernismo*, Fundación San Pío X, Buenos Aires 2006.

Cristóbal Robles Muñoz, *Vísperas de la Pascendi: Il Santo de Antonio Fogazzaro y el encuentro de Molveno*, Hispania Sacra LVIII 118 1118, julio-diciembre 2006, 683-753.

J. Lebreton, *L'Encyclique et la Théologie Moderniste*, Beauchesne, Paris 1907.

Enrico Rosa S.J., *L'enciclica "Pascendi" e il modernismo*, Roma 1909.

Varios, *Nueva Historia de la Iglesia*, tomo V, La Iglesia en el mundo moderno (1848 al Vaticano II), Cristiandad, Madrid 1977.

M. J. Lagrange, *M. Loisy et le modernisme*, Cerf, Juvisy 1932.

Hubert Jedin, *Manual de Historia de la Iglesia*, Herder, Barcelona 1988.

Roberto De Mattei, *Pio IX*, Piemme, 3ª ed. 2001.

José Ortega y Gasset, *Obras Completas*, tomo I (1902-1916), 2ª ed., Revista de Occidente, Madrid 1950.

Jacques Ploncard d'Assac, *L' Église occupé*, Ed. de Chiré, 2º ed., 1983; trad. Fundación San Pío X, Buenos Aires 1989.

Alfred Loisy, *Choses passées*, Nourry-Ed., Paris 1913.

F. J. Montalbán, B. Llorca, A. García Villoslada, P. de Leturia, *Historia de la Iglesia Católica,* tomo IV, Edad Moderna (1648-1951), BAC, Madrid 1951.

Giorgio Tyrrell, *Cristianesimo al bivio,* Enrico Voghera Editore, Roma 1910.

R. García de Haro, *Historia teológica del modernismo,* Edic. Universidad de Navarra, Pamplona 1972.

Pedro Daniel Martínez, *El magisterio ordinario de la Iglesia en el Pontificado del Beato Pío IX,* Fondo Editorial Universidad Católica de Cuyo, San Juan 2006.

Alumnos de Teología y Derecho Canónico del Pontificio Colegio Español de San José, *Ensayo de comentario al decreto "Lamentabili"* (2 volúmenes), Roma 1908.

Antonio Fogazzaro, *Il Santo,* Ed. Opportunity Book, Milano 1995.

Ernest Renan, *Vida de Jesús,* Gazo Hnos., Barcelona, sin fecha.

AA.VV., *Le modernisme,* Beauchesne, Paris 1980.

Julio Meinvielle, *De Lamennais a Maritain,* Nuestro Tiempo, Buenos Aires 1945.

Alfredo Sáenz, *El cardenal Pie. Lucidez y coraje al servicio de la verdad,* 2ª ed., Gladius, Buenos Aires 2007.

Pío X, *Pascendi dominici gregis,* Introducción de Roberto De Mattei, Ed. Cantagalli, Siena 2007.

D'Alès, "Modernisme", Dict. de apologetique de la foi catholique, Beauchesne 1911; "Modernisme", en Dict. de Théologie Catholique.

R.P. Dal-Gal, *Le cardinal Merry del Val,* nouvelles Éditions Latines, Paris 1955.

Conduite de Saint Pie X dans la lutte contre le modernisme. "Disquisitio". Enquête des procès de béatification et de canonisation. Publications du Courrier de Rome, Condé-sur-Noireau (France) 1996.

Impreso en Alba Impresores
Amancio Alcorta 3910, Buenos Aires
República Argentina

Noviembre de 2011

www.ingramcontent.com/pod-product-compliance
Lightning Source LLC
Chambersburg PA
CBHW072209150726
48002CB00005B/1737